XINXING NONGCUN SHEHUI YANGLAO
BAOXIAN JIJIN YUNYING GUANLI YANJIU

新型农村社会
养老保险基金运营管理研究

李莹⊙著

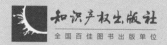

知识产权出版社

全国百佳图书出版单位

图书在版编目（CIP）数据

新型农村社会养老保险基金运营管理研究／李莹著 . —北京：
知识产权出版社，2017.4
ISBN 978 - 7 - 5130 - 4769 - 2

Ⅰ . ①新…　Ⅱ . ①李…　Ⅲ . ①农村—社会养老保险—养老保险
基金—基金管理—研究—中国　Ⅳ . ①F842. 612

中国版本图书馆 CIP 数据核字（2017）第 032818 号

责任编辑：贺小霞　　　　　　　责任校对：潘凤越
封面设计：刘　伟　　　　　　　责任出版：刘译文

新型农村社会养老保险基金运营管理研究
李　莹　著

出版发行：知识产权出版社 有限责任公司　网　　址：http://www.ipph.cn
社　　址：北京市海淀区西外太平庄 55 号　邮　　编：100081
责编电话：010 - 82000860 转 8129　　　责编邮箱：HeXiaoXia@ cnipr. com
发行电话：010 - 82000860 转 8101/8102　发 行 传 真：010 - 82000893/82005070/82000270
印　　刷：北京科信印刷有限公司　　　经　　销：各大网上书店、新华书店及相关专业书店
开　　本：787mm×1092mm　1/16　　　印　　张：10. 5
版　　次：2017 年 4 月第 1 版　　　　　印　　次：2017 年 4 月第 1 次印刷
字　　数：180 千字　　　　　　　　　定　　价：38. 00 元
ISBN 978 - 7 - 5130 - 4769 - 2

前　言

随着我国人口老龄化速度的加快、农村计划生育政策的推行以及农村家庭养老和土地养老功能的弱化，农村养老问题将更加突出。然而我国城乡居民养老保险制度还很不稳定，缺乏可持续性，只有从根本上解决农村人口的养老问题并保持其可持续性，才能确实保障农民老有所养，更好地促进社会的稳定和发展。2009 年，国务院出台《国务院关于开展新型农村社会养老试点的指导意见》，建立个人缴费、集体补助、政府补贴相结合的新型农村养老保险制度（以下简称"新农保"），这也意味着"老农保"的结束。新型农村社会养老保险制度对于实现农村居民逐步实现老有所养，促进农村经济发展和改革深化，打破二元经济格局，从而促进我国整体经济和社会发展具有重要的意义。

作为一项关系到亿万农民切身利益的民生工程，新型农村养老保险的可持续性是维系制度运行的关键。由于养老保险从参保缴费到养老金待遇领取之间时间跨度长，又鉴于老农保的失败教训，新农保制度实施 4 年多之后，2014 年 2 月，按照国务院的部署，不少地区已着手实现新农保和城镇居民社会养老保险（以下简称"城居保"）的并轨，新农保与城居保并轨还存在比较多的问题。作为城乡两类不同的群体，有必要对城乡居民养老保险尤其是不发达地区的养老保险可持续性进行系统深入的研究。新农保基金的安全和有效运营是农村社会养老保险制度的核心问题和首要环节，是我国农村社会养老保险改革能否成功以及可持续发展的关键。

本书首先从新农保基金的来源出发，分析新农保基金的筹资结构，并对全国各省新农保基金的筹资结构进行梳理，分析其筹资机制的优越性和不足；从公共产品理论和产权理论的视角界定了新农保基金账户的性质，厘清了基金的权益归属。其次基于新农保基金现状，分析新农保基金面临的筹资风险和运营风险。认为政府和农民个人的筹资能力符合新农保基金的筹资要求，基金的筹资风险主要来源于集体补助缺失和个人参保积极性不高；新农保基金的运营风险主要来源于市场风险、通胀风险、运营机制风险和运营主体风险。在风险分析的基础上，结合新农保目前的投资运营现状和安全性要求，提出了新农保基金投资运营的创新模式——政府、商业银行、农民、保险公司相结合的四方合作模式和消极化证券组合投资模式，拓宽新农保基金的投资运营渠道，以实现新农保基金的保值增值。最后对新农保基金运营过程中的管理风险进行研究，构建新农保基金运营管理的委托—代理模型，建立新农保基金运营管理的安全与收益双任务最优激励机制；并通过分析新农保基金管理各主体间的博弈行为，构建相应的博弈监管模型，提出新农保基金运营管理的风险控制措施。

随着新农保制度的普及，为了逐步缩小城乡差距，缓和社会矛盾，2014年，在总结新农保和城居保试点经验的基础上，国务院决定，将新农保和城居保两项制度合并付诸实施，在全国范围内建立统一的城乡居民基本养老保险制度。考虑到政策变迁的影响，本书不拘泥于政策的表象，着眼于长远发展的视角，研究新农保基金风险和运营管理，以实现农村居民养老保险的可持续发展。本书的一些观点难免存在一些争议，书中的一些不当之处也在所难免，欢迎各位专家和读者批评赐教。

本书的出版，感谢暨南大学应急管理研究中心提供基金资助。感谢贺小霞编辑为之付出的辛勤劳动。

李　莹

2016.11.25

目　　录

2

3

第一章 绪 论

早在 20 世纪，我国人口年龄在数量结构上发生了重大改变，逐渐步入了老龄化社会，出现了未富先老的局面。对一个农村人口占大多数的发展中国家来说，人口老龄化不仅给经济和社会发展带来了沉重压力，也给农村家庭带来了沉重的养老负担，因此农村社会养老保险制度的建立和推广势在必行。

第一节 选题背景

20 世纪 80 年代，我国农村社会养老保险制度经历了农村社会养老保险制度（以下简称"老农保"），地方财政补贴的农村社会养老保险（以下简称"地方新农保"）和国家新型农村社会养老保险（以下简称"新农保"）三个阶段。因此农村社会养老保险制度在我国已有 30 多年的实践历史。但由于"老农保"制度设计存在缺陷，国家只提供政策支持，集体经济给予补助，主要由农民个人负担费用，"老农保"制度演变成农民个人储蓄。而且其基金的管理和保值增值面临着管理不规范、提取管理费过多、基金投资渠道单一等问题，导致"老农保"制度名存实亡。

在一个人口基数大、农村人口占多数、农业剩余劳动力规模大、人口年龄结构失衡、出生人口性别比严重偏高、抚养系数增大、城乡区域发展差异显著增大的老年型国家里，构建农村社会养老保险制度，不仅意义重大，而且十分迫切。❶ 中共十六大报告、十七大报告以及近几年的"中央一号文件"等国家重要文件都提出要探索建立农村养老保险制度，鼓励各地开展农村社会养老保险试点，逐步建立健全覆盖城乡居民的养老保险

---

❶ 米红．我国新型农村社会养老保险制度推进的若干问题与对策建议［J］．中共浙江省委党校学报，2009（5）：5－11．

体系。自 2004 年以来，我国先后有 400 多个县（市、区）开展了有地方财政补贴的"地方新农保"制度试点。各地开展的地方新农保制度较老农保制度有较大的改善，逐渐明确了政府和集体在农民养老问题上的缴费责任。但各地实行模式不一，"碎片化"问题严重，在基金的管理和保值增值问题上也没有突破性的进展。

2009 年 9 月 1 日国务院发布了《关于开展新型农村社会养老保险试点的指导意见》（以下简称《指导意见》），指出将探索建立个人缴费、集体补助、政府补贴相结合的新农保制度，实行社会统筹与个人账户相结合。这是全国统一的新型农村养老保险制度，采取社会统筹与个人账户相结合的基本模式和个人缴费、集体补助、政府补贴相结合的筹资方式。根据《指导意见》，新型农村养老保险 2009 年在全国 10% 的县（市、区、旗）展开试点，以后逐步扩大试点，在全国普遍实施，2020 年之前基本实现对农村适龄居民的全覆盖。

新型农村社会养老保险制度是一个带有社会福利性质的制度，其基础养老金部分由财政出资，中央和地方财政各分担一部分，参保农民只要达到规定年龄和缴费年限，即可领取养老金。新型农村社会养老保险制度的建立对我国社会安定、经济建设等都具有重要的意义。首先，新农保的建立，使农村居民逐步实现老有所养，有利于农村社会的稳定发展，有助于缩小城乡差别，打破城乡二元经济结构；其次，有利于促进消费、拉动内需，特别是对促进农民这样一个广大群体的消费需求来保持经济的持续稳定发展具有重要的意义；最后，有利于实现 2020 年建立覆盖城乡居民的社会保障体系，实现我国社会保障体制改革的目标。

根据国务院《指导意见》，新农保制度将在 2020 年基本实现全覆盖，许多地区还会提前实现全覆盖。随着新农保制度的推行，新农保基金的规模将会越来越大，截至 2010 年年底，国家新农保试点参保人数已达到1.03 亿人，年末基金累计结存 423 亿元，其中个人账户累计积累 387 亿元。❶ 而需要支付的养老金也越来越多，截至 2011 年 6 月底，全国参加新农保人数共 1.99 亿人，5408 万人领取养老金。❷ 新农保基金的积累以

---

❶ 数据来源：人力资源社会保障部公布 2010 年全国社会保险情况 ［EB/OL］. 中央政府门户网站 http：//www. gov. cn/gzdt/2011 – 08/10/content_ 1923002. htm.

❷ 数据来源：中国新闻网 . http：//www. chinanews. com/fortune/2011/07 – 25/3208391. shtml.

及其将要面临的养老金支付，要求要对新农保基金进行运营管理以保值增值。本书对新农保基金的运营管理进行研究，确保新农保基金顺利筹集与保值增值，从而保证新农保制度的顺利推行和可持续发展。

第二节 研究目的与意义

一、研究目的

建立新型农村社会养老保险制度，基金是核心问题和首要环节。新农保制度的建设过程，实质也是基金的筹集、管理、运营及发放过程。因此，基金能否顺利筹集、能否有效保值增值以及能否科学管理和控制风险是我国农村社会养老保险制度改革能否成功以及可持续发展的关键。但是，国务院《指导意见》对基金的筹集、管理和监督只是做了原则性的规定。理论界对新农保基金的研究主要集中在基金筹集问题上，关于新农保基金运营和管理问题的研究较少，对于新农保基金的运营管理模式没有统一认识，对新农保基金的保值增值和风险监管的研究多停留在政策建议层面，缺乏系统和深入的理论研究。因此，本书对新型农村养老保险基金的运营管理特别是基金的保值增值、管理模式选择及风险监管等方面进行研究，以期为新农保基金的运营管理提供一定的理论参考，从而促进新农保基金乃至整个新农保制度的可持续发展。

二、研究意义

（一）理论意义

随着积累制社会养老保险制度在世界各国的广泛推行，关于养老保险基金的研究越来越引起国内外学者的关注。国外学者对养老保险基金筹集、投资运营、管理监督等方面的研究已形成了较为完善的理论体系。各国学者关于社会养老保险制度及基金的研究主要以其本国自身的国情和经济、社会条件为研究背景，而且国外大多数发达国家实行城乡一体的社会养老保险制度。发展中国家的经济、社会发展水平较低，社会养老保险制度相对发达国家而言较不成熟，有的国家甚至处在起步阶段。因此在发达国家发展起来的养老保险及养老金理论不一定完全适合经济、社会总体水平较低的发展中国家。我国目前仍然存在二元经济结构，农村社会养老保险制度及基金的管理有其特殊性和特殊要求。因此，在借鉴国外养老保险基金研究理论的基础上，结合我国的实际情况，研究我国农村社会养老保险基金的运营管理，可以丰富养老保险基金的运营管理理论。

就我国研究现状而言，我国学者关于新农保基金的研究主要集中在基金筹集的研究，关于新农保基金运营和管理问题的研究较少，而且相关研究多停留在政策研究和操作研究层面。本书引入产权理论、资产建设理论、投资组合理论、委托—代理理论以及博弈论等理论对新农保基金的产权结构、基金的保值增值以及基金运营管理风险控制等方面进行研究，一方面，拓宽了这些经典理论的运用范围，使其在具有农村特色的研究背景下焕发新的生命力；另一方面，通过厘清新农保基金的产权结构，构建基金的创新投资运营模式，构建运营管理激励机制和博弈监管机制，为新农保基金的运营管理提供有益的理论参考。

（二）实践意义

随着新农保制度的推行，其覆盖面不断扩大，到 2020 年将实现对全国适龄农民的全覆盖，新农保基金也将随之不断积累，并需要为越来越多的农民支付养老金，因此，对新农保基金进行运营以实现保值增值是保证参保农民基本养老待遇的现实需求。因此，分析新农保基金的筹资结构和产权结构及其风险、构建创新投资模式与投资组合、选择科学的管理模式并构建管理激励机制和监管机制，对新农保基金的运营和保值增值具有重要的实践参考意义。

第三节　研究内容与研究方法

一、研究内容

第一章：绪论。该部分主要介绍了本书的研究背景、研究目的与研究意义，确定了本书研究的主要内容与研究方法，阐述了本书研究的技术路线图，并提出了可能的创新点。

第二章：文献综述及基础理论分析。本章主要对国内外相关研究进行述评，对国外学者关于社会养老保险基金的筹集、投资运营、运营管理模式以及风险控制等方面的研究进行梳理总结，并做简要述评；对国内学者关于农村社会养老保险基金的筹集、投资运营、运营管理模式选择与风险监管的研究进行梳理，总结现有研究的不足，明确本书的切入点。

第三章：新型农村社会养老保险基金的筹集。本章首先对新农保基金的筹资结构进行分析，对全国各省新农保基金的筹资结构进行梳理，分析其筹资机制的优越性和不足；其次从公共产品理论和产权理论的视角界定了新农保基金账户的性质，厘清基金的权益归属。本章从来源方面对新农保基金进行研究，是本书以下部分研究的基础。

第四章：新型农村社会养老保险基金风险分析。本章主要对新农保基金的筹资风险和运营风险进行分析。从新农保基金筹资主体筹资能力、新农保基金筹资现状来分析新农保基金的筹资风险，并提出控制筹资风险的相应措施；从市场风险、通胀风险、运营机制风险和运营主体风险等方面对新农保基金的运营风险进行分析。

第五章：新型农村社会养老保险基金保值增值分析。本章以新农保基金的保值增值为出发点，结合新农保目前的投资运营现状和安全性要求，提出了新农保基金的四方合作模式和消极化证券组合投资模式。四方合作模式将政府部门、农村银行、商业保险公司和农户有机结合起来，拓宽新农保基金的投资渠道，实现保值增值；消极化证券组合投资模式运用 APT（套利定价理论）模型对市场指数组合包含的股票进行优选，与银行存款和国债按不同比例组合成新农保基金的投资产品，并在分析投资产品的系统风险与非系统风险的基础上，提出相应的风险应对措施。

第六章：新型农村社会养老保险基金运营管理的风险控制。本章首先，在比较分析国际社会养老保险基金运营管理模式的基础上，选择新农保基金的委托—代理管理模式并对新农保基金管理的委托—代理关系和风险加以分析；其次，构建了安全与增值的双任务委托—代理激励机制；再次，分析新农保基金管理各主体间的博弈行为，构建了相应的博弈监管模型；最后，提出新农保基金运营管理的风险控制措施。

第七章：总结及展望。本章对全文的内容进行总结并据此提出今后的研究展望。

二、研究方法

（一）规范分析与逻辑分析方法

规范分析指对事物是非曲直进行主观价值判断的研究方法。本书通过对新农保筹资结构和账户性质进行逻辑分析，对新农保基金筹资机制的优越性和不足以及新农保账户权益归属做出价值判断，属于规范分析。

（二）描述性统计分析与统计指标分析方法

描述性统计分析主要是以图表的方式直观地反映经济社会变量的分布特征及发展趋势等。本书对各区域乡村老龄人口分布状况、中央财政收入与补贴、地方财政收入与补贴以及农民个人收入与支出的介绍都运用了该方法。统计指标分析方法主要是运用具体的指标来反映经济社会各个方面的发展变化情况。如文中在分析中央财政、地方财政和农民个人的出资能力时分别运用了中央财政补贴率、地方财政补贴率和农民个人剩余来反映。

（三）因子分析方法

因子分析法是从众多自变量中寻找出具有代表性的少数公共因子，并以新的公共因子来解释原始变量的模型分析方法。本书中运用因子分析法从众多股票收益率中找出影响股票收益率的公共因子作为市场公共因子，并将这些市场公共因子引入 APT（套利定价理论）模型，对股票或股票组合的收益率进行预测。

（四）理论建模与模型推导方法

本书引入委托—代理激励理论和博弈论，构建新农保基金运营管理的激励和博弈监管的理论模型并加以数学推导，从而得出新农保基金运营管理的安全与收益双任务激励机制和博弈监管机制，对新农保基金运营管理风险进行控制。但由于数据的限制，本书没有对两项模型进行实证检验，有待进一步完善。

第四节　可能的创新点

（一）针对新农保基金的筹资结构，厘清新农保基金的产权归属，从根本上为新农保基金的管理提供理论依据。

（二）基于新农保基金的安全性与盈利性要求，提出了新农保基金投资运营的创新模式——政府、农户、商业银行与保险公司四方合作模式和消极化证券组合投资模式。拓宽新农保基金投资运营渠道，促进其保值增值。

（三）引入委托—代理理论，基于新农保基金良性运营的要求，构建安全与收益的双任务最优激励机制。

（四）突破现有研究对新农保基金运营监管仅停留在政策建议层面的局限，运用博弈论分析工具，通过分析新农保基金运营管理各主体的博弈行为，构建相应的博弈监管模型。

本章在介绍新型农村社会养老保险制度的发展历程以及新农保基金面临的运营管理问题的基础上，提出新农保基金运营管理研究具有重要的理论和实践意义。确定了本书研究的主要内容与研究方法，并提出了本研究可能的创新点。

第二章　国内外学者研究综述

第一节　国外学者的相关研究

由于国外大多数国家实行的是城乡一体化的社会保障制度，因此国外学者对社会养老保险基金方面的研究较多，而专门针对农村社会养老保险基金方面的研究并不多。但是，社会保险基金管理的理论与实践对农村社会养老保险基金管理具有重要的借鉴意义，因此对国外学者关于社会养老保险基金的研究做一综述。

国外学者对社会养老保险基金的研究主要集中在基金的筹集模式、基金投资运营以及基金管理和风险控制等方面。

一、关于社会养老保险基金筹集的研究

国外学者对社会养老保险基金筹集的研究主要集中于对现收现付制与基金积累制两种筹资模式的讨论。

著名经济学家 Samuelson 和 Aaron 是最早提倡现收现付制的代表。Samuelson[1]（1958）运用两期叠代模型分析了现收现付的养老金制度，认为只要世代延续，现收现付制能够增进全社会成员的福利。Aaron[2]（1966）在对萨缪尔森模型修正的基础上，证明了著名的"艾伦条件"，如果人口增长率和实际工资增长率大于市场利率，现收现付制养老金制度

---

[1] Samuelson, Paul A.. An Exact Consumption Loan Model of Interest With or Without the Social Contrivance of Money [J]. Journal of Political Economy, 1958, 66 (6): 467 - 482.

[2] Aaron, H.. The Social Insurance Paradox [J]. Canadian Journal of Economics, 1996, 32 (3): 371 - 374.

能够在代际之内进行帕累托有效地配置。Feldstein and Liebman❶（2001）同样认为现收现付制养老金制度的引入是一个帕累托改进的政策。一些学者认为由现收现付制转换为基金积累制的转轨成本是相当高的，因此坚持实行现收现付制。Chand，Sheetal and Jaeger❷（1996）和 Barr❸（2000）都认为实际上满足由现收现付制到完全积累制所需要的成本比全面落实现收现付制所需要的费用还要高。

　　随着西方国家人口老龄化的日益加剧，现收现付制的养老金制度在支付问题上出现了收支不平衡的危机，为解决这一问题，学者们渐渐开始主张积累制的社会养老保险筹资模式。对积累制养老保险筹资模式的研究主要集中在这一模式对国民储蓄和社会资本的影响上。Feldstein❹（1974）通过对美国养老金的筹资模式和私人储蓄进行计量研究，认为公共提供的现收现付制养老体系，使得国民储蓄减少，这种情况称为"挤出效应"。现收现付制养老金对国民互相的"挤出效应"严重影响与制约了经济发展。后来一些学者对"挤出效应"不断进行研究证明和完善（Auerbach and Kotlikoff 等❺［1989］）。Giancarlo and Schmidt-Hebbel❻（1995）认为采用完全积累制的养老金筹资模式，一方面，保证养老基金有缴费来源；另一方面，更重要的是它能激励工人正规就业，从而保证了社会资本能够维持在一个较高的水平。Holzmann❼（1997）通过对现收现付制和完全积累制进行比较研究，提出现收现付制有可能在储蓄和纠正方面都存在负面

　　❶　Feldstein，M.，Liebman，J. B.. Social Security［J］. Handbook of Public Economics，2001（4）：8451.

　　❷　Chand，Sheetal K.，Jaeger，A.. Aging population and Public Pension Schemes［R］. Occasional Paper No 147（Washington IMF），1996：32 – 33.

　　❸　Barr，N.. Reforming Pensions Myths，Truth，and Policy Choices［J］. International SocialSecurity Review，2000（55）：2，3 – 36.

　　❹　Feldstein，M.. Social Security，Induced Retirement，and Aggregate Capital Accumulation［J］. Journal of Political Economy，1974，82（5）：905 – 926.

　　❺　Auerbach，A. J.，Kotlikoff，L. J.，Hagemann，R.，Nicoletti，G.. The Dynamics of an Aging Population：The Case of Four OECD Countries［R］. NBER Working Paper，1989：2797.

　　❻　Giancarlo，C.，Schmidt – Hebbel，K.. Pension Reform and Growth［R］. PBD Working Paper，the World Band Washington，DC，1995：1471.

　　❼　Holzmann，R.. Pension Reform Financial Market Development and Economic Growth Preliminary Evidence from Chile［J］. The IMF Staff Paper，1997（44）：2 – 78.

影响，因此提倡实行积累制的养老保险基金筹资模式。Bateman and Hazel❶（2002）对积累与社会资本水平的关系进行研究，得出的结论是影响是正向的，积累制与较高的和稳定的实物资本水平相关联。

在现收现付制与基金积累制的争论中，产生了一种相对折中的思想。如 Mackenzie 等❷（1997）、Eatwell 等❸（2000）都认为应该优化公共养老基金的规模，而不是简单将其最小化来减轻财政负担。混合制便在这种思想下应运而生。混合制的筹资模式既有保证养老基金收支平衡的优点，又比完全积累制基金在资本市场上分散操作能够所面临的风险要小。Holzmann❹（2000）认为多支柱养老保险制度具有风险多样化的优势，因此多支柱养老保险应是养老保险制度改革的正确方向。Zajicek 等❺（2007）的研究表明，不同经济发展水平的国家往往采用不同的社会养老保险筹资模式，发展中国家和欧洲福利国家的社会养老保险制度多采用完全积累制和现收现付制，而部分积累制则常应用于高度市场化国家。

国外一些学者也对养老保险基金的筹资主体做了一定的研究，Williamson 等❻（2002）指出，养老保障体制较为完善国家的筹资主体一般为雇员、雇主和国家财政，其中国家财政主要负责最低保障部分，雇员和雇主缴费为主要筹资来源。Johnson and Williamson❼（2006）认为，在人均收入偏低的国家，应当建立由国家财政作为主要筹资主体的普惠型养老金制度。

❶ Bateman, H., Hazel Olivia S. M.. New Evidence on Pension Plan Design and Administrative Expense [J]. PRC WP, 2002 (10).

❷ Mackenzie, G. A., Gerson, P.. Cuevas, A. Pension Regimes and Saving [R]. Occasional Paper Washington, DC, IMF. 1997: 153.

❸ Eatwell, J., Elmann, M., Karlsson, M., Nuti, M. D., Shapiro, J.. SHardbudgets [R]. Soft States London Institute for Public Policy Research, 2000: 140.

❹ Holzmann, R.. The World Bank Approach to Pension Reform [J]. International Social Security Review, The World Bank, Washington, D. C., 2000 (53): 11 – 34.

❺ Zajicek, A. M., Calasanti T. M., Zajicek, E. K.. Pension Reforms and Old People in Poland: An Age, Class, and Gender Lens [J]. Journal of Aging Studies, 2007 (21): 55 – 68.

❻ Williamson, J. B., Pampel, F. C.. Old-Age Security in Comparative Perspective [M]. 北京: 法律出版社, 2002.

❼ Johnson K. M. J., Williamson J. B.. Do Universal Non – Contributory Old – Age Pensions Make Sense for Rural Areas in Low – Income Countries [J]. International Social Security Review, 2006, 59 (4): 47 – 65.

二、关于社会养老保险基金投资运营的研究

由于发达国家有着完善的资本市场，所以学者们对养老保险基金的投资运营主要集中在养老保险基金如何通过与资本市场的互动来实现盈利积累上。关于社保基金与金融市场和资本市场的关系，Bodie[1]（1990）首次明确指出养老基金积累是促进资本市场扩张和金融创新发展的重要因素。Blake[2]（1992）认为养老保险基金对资本市场结构的影响日益加大，养老保险基金在资本市场上的投资运营催生了各种金融创新产品。但也有学者提出了不同的观点。Orszag and Stiglitz[3]（1999）认为积累制的筹资模式需要考虑养老基金的保值增值，这必然需要健全的资本市场和资深的专业人士。因此盲目地在发展中国家推行积累制的养老保险制度将使其面临极大的风险，因为大多数发展中国家缺乏完善的资本市场和金融监管机制，养老金的保值增值缺乏安全有效的途径。

在肯定养老保险基金与资本市场和金融市场的互相作用的基础上，各国经济学家的研究重点转向对养老保险基金进行投资运营从而实现养老金的保值增值。Davis[4]（1995）等人对社保基金投资对于资本市场的效应、基金投资风险、基金负债和基金投资的管理、投资策略、资产组合以及政府监管等方面进行了研究。Aaron 等[5]（1998）提出为了提高养老保险基金的回报率，应对美国现有社会保障信托基金进行改革，把其从非市场化的政府债券转为私人证券，加强流动性和提高增值能力。Feldstein，Ran-

[1]　Bodie, Z.. Pension Funds and Financial Innovation ［J］. Financial Management Autumn, 1990：3101.

[2]　Blake, D.. Issues in Pension Funding, Routledge ［J］. London and New York, 1992（56）：91－92.

[3]　Orszag, P. R., Stiglitz, J. E.. Rethinking Pension Reform Ten Myths About Social Security Systems. the Conference on New Ideas About Old Age Security ［M］. The World Bank, Washington, D. C., 1999.

[4]　Davis, P. E.. Pension Funds—Retirement—Income Security, and Capital Market—an International Perspective ［M］. Oxford, Clarendon Press, 1995：23－46.

[5]　Aaron, H. J., Reishauer, R. D.. Countdown to Reform ［M］. New York：Century Foundation Press, 1998：67－98.

guelova and Samwick❶ (1999) 考虑积累制养老金未来可能出现的赤字风险，建议从美国社会保障工薪税中拿出一部分计入个人养老金账户，在资本市场上投资运营，以应付可能出现的风险。唐旭等❷ (2001) 提倡养老保险基金在资本市场上的投资首选购买新股，认为在一级市场上的年平均收益率可达 30%。Bellettini and Ceroni❸ (2000) 通过计量研究，对养老金在一级市场的收益率加以证实。Blommestein❹ (2001) 对养老金在资本市场的投资进行了系统、深入的探讨，包括养老基金对资本市场结构影响、资产组合、投资绩效等，论证了养老保险基金如何促进资本市场完善及创新，并提出了今后研究的若干重要课题。

三、关于社会养老保险基金运营管理模式及风险控制的研究

对于社会养老保险基金的运营管理，采用委托—代理模式是国外学者比较集中的观点。Coase❺ (1960) 认为社保基金管理中的委托—代理关系实质上属于政府行为，采用委托—代理运营管理机制能够达到养老保险基金投资运营的理想效果，并有效控制基金市场化运营的风险。Holmstorom❻ (1982) 认为社保基金的运营管理进行委托—代理的制度安排，可以通过设计有效的激励机制和监管机制，在委托人基金所有人或管理人与代理人运营机构之间形成相互合作、相互制衡、相互监督的机制，从而有效控制逆向选择与委托—代理风险、保证养老保险基金的运营安全。

---

❶ Feldstein, M., Ranguelova, E., Samwick, A.. The Transition to Investment—Based Social Security When Portfolio Returns and Capital Profitability Are Uncertain [R]. NBER Working Paper, 1999: 7016.

❷ 唐旭, Baljit, V., 杨辉生. 中国养老基金的投资选择 [J]. 金融研究, 2001 (11): 54 - 61.

❸ Bellettini, G., Ceroni C. B.. Social Security Expenditure and Economic Growth: An Empirical Assessment [J]. Research in Economics, 2000 (54): 249 - 275.

❹ Blommestein, H.. Ageing, Pension Reform and Financial Market Implication in the OECD Aerea [R]. Working Paper, OECD, 2001.

❺ Coase, R. H.. The Problem of Social Cost [J]. The Journal of Law and Economics, 1960 (3): 1 - 44.

❻ Holmstorom, B.. Moral Hazard in Teams [J]. The Bell Journal of Economics, 1982, 13 (2): 324 - 340.

Timothy and Prat❶（2002）认为委托—代理机制有利于养老基金管理的运行，可以对代理人与基金形成利益关系，以便对代理人实行有效的激励和监管。另外，Hess and Impavido❷（2004）认为委托—代理理论在养老保险基金的管理研究中存在不足，主要表现在政府作为受托人对委托人参保人对基金进行管理这一委托—代理关系中，代理人政府的道德风险难以避免，因此引入公司治理理论，设立独立机构对养老保险基金进行运作，在该机构内部设立完善的治理结构，来达到养老基金的有效运营和管理。

四、简要评述

国外对社会养老保险基金的研究已形成较为完善的理论体系，学者们从资源配置、收入分配、国民储蓄、资本市场、经济增长等方面对社保基金的筹资模式做了充分的探讨。部分积累制的筹资模式是目前流行的观点。西方发达国家具有成熟的市场经济体制和完善的资本市场，国外学者对养老保险基金在资本市场上的投资方式、投资组合以及运营管理等都进行了较深入的研究。

国外学者对社保基金筹集、投资运营、管理监督等研究已经形成较为完善的理论体系，可以成为研究新农保基金运营管理的有益借鉴。但是由于我国二元经济体制，对于新农保基金有关问题，不能照搬国外的理论，需要结合我国具体社会、经济状况加以研究应用。

第二节　国内学者相关研究

基于我国农村社会养老保险的重要性和紧迫性，我国学者对这一问题给予了高度的关注，从基金筹集、投资运营、管理模式、风险控制等不同的角度对农村社会养老保险基金进行了研究。早期的研究主要是以"老农保"和"地方新农保"为研究对象，对二者在实施过程中所出现的问题及1992年《县级农村社会养老保险基本方案》的缺陷提出建议。2009

---

❶ Timothy, B. , Prat, A. . Pension Fund Governance and the Chioce between Defined Benefit and Defined Contrubution Plans［R］. The Institute For Fiscal Studies WP 03/09, 2002：1–29.

❷ Hess, D. , Impavido, G. . Govermance of Public Pension Funds. Lessons from Corporate Govermance and International Evidence［J］. Public Pension Fund Management, 2004：49–89.

年新型农村社会养老保险制度出台后，学者们迅速跟进对新制度的理论和实践进行了研究，主要体现在以下几个方面。

一、关于农村社会养老保险基金筹集的研究

基于农村特殊的经济条件和农保制度的缴费对象是农民这一特殊的群体，农保基金的来源成为制约该制度发展的重要因素，因此农村社会养老保险基金的筹资问题一直是学者们关注的焦点。早期的研究集中在筹资的方式上：考虑到农民的缴费能力较低，卢海元（2003）提出了"实物换保障"的创新模式，主张将农民分为年轻农民、老年农民或被征地农民、进城农民工和乡镇企业职工四个群体，然后区分不同的对象采用灵活的产品、土地或股权换取养老保障的模式。后来的学者从宏观上来讨论筹资模式，阳义南[1]（2005）指出农村社会养老保险应在个人账户的基础上加上社会统筹部分，而且社会统筹和集体补助要向低收入和贫困阶层倾斜。刘向红[2]（2006）通过比较分析现收现付制、完全积累制和部分积累制三种筹资模式，得出部分积累制是我国农村社会养老保险基金更为现实的选择的结论。2009年国务院颁布的《指导意见》采用了这一观点。有些学者从账户的构成来讨论筹资模式，杨翠迎、米红[3]（2007）设计了"个人账户＋统筹账户""个人账户＋基础养老金＋储备金""弹性账户＋激励账户"和"到龄扶助"奖励转为"即期投入"四种资金账户模式分别对应纯农户、失地农民、农民工、计生户四类群体加以保障。吴航、窦尔翔[4]（2009）将农村社会养老保险账户分为基础账户、机动账户和调整账户，提出新农保筹资机制应体现政府"兜底"激励、融资激励及"配套"激励。随着研究的深入，学者们开始意识到农村社会养老保险中的政府责任，杨德清、董克用[5]（2008）提出建立普惠制养老金制度，并测算出我

---

[1] 阳义南. 农村社会养老保险基金筹资机制改革的若干对策 [J]. 农业经济问题，2005（1）：40-44.

[2] 刘向红. 我国农村社会养老保险筹资模式的选择 [J]. 金融经济，2006（5）：4-5.

[3] 杨翠迎，米红. 农村社会养老保险：基于有限财政责任理念的制度安排及政策构想 [J]. 农林科技大学学报：社会科学版，2007（3）：1-7.

[4] 吴航，窦尔翔. 新型农村社会养老保险制度的筹资机制创新探讨 [J]. 深圳大学学报：人文社会科学版，2009（3）：64-68.

[5] 杨德清，董克用. 普惠制养老金——中国农村养老保障的一种尝试 [J]. 中国行政管理，2008（3）：54-58.

国东、中、西部地区通过各级财政投入来维持农村居民基本生活消费的养老金水平是可行的。

　　早期对老农保和地方新农保的研究为我国农村养老保险制度的改革提供了有力的理论支持。2009 年 9 月 1 日，国务院颁布并实施《指导意见》，标志着我国新型农村社会养老保险制度全面推行，而新农保基金的筹集问题同样引起了学者们的强烈关注，纷纷对新农保农民的参保意愿、筹资主体的筹资能力尤其是政府的财政支持以及基金收支平衡的测算等问题进行了较为深入的研究，个别学者还对新农保基金的账户结构进行了简要的解析。

　　新农保制度的设计与以往农村社会养老保险的一个显然不同在于自愿性与弹性制，农民有选择是否参保和缴费档次的自由，因此农民的选择直接关系到新农保制度的持续性。因此，学者们通过对影响农民参保意愿和缴费承受能力的因素进行分析，以提高农民的积极性。对这一问题的研究以实证研究为主。胡宏伟、蔡霞、石静[1]（2009）发现家庭财富、受教育程度、保险预期等是影响农民参保意愿及缴费承受能力的重要因素。张朝华[2]（2010）基于广东珠海斗门、茂名茂南的调查，提出农民的文化程度、家庭的人口数、户主的年龄、户主的务农年限以及农户家庭的纯收入与非农收入等因素对农民参加新农保的意愿产生了重要的影响。贾宁、袁建华[3]（2010）基于精算模型研究新农保个人账户替代率。

　　新农保最大的亮点在于政府、集体、个人三方共同出资，特别是强调了筹资中的政府责任，这是让农民分享我国经济发展成果的必由之路，受到了理论界和实践的普遍欢迎。学者们对三方筹资主体的筹资能力进行测算，特别是对政府的财政支持能力以及补贴的合理规模做了进一步的测算和分析。这一部分的研究仍以实证分析和数据计量分析为主。有的学者对

---

　　[1] 胡宏伟，蔡霞，石静. 农村社会养老保险有效需求研究——基于农民参保意愿和缴费承受能力的综合考察 [J]. 经济经纬，2009（6）：65 – 69.

　　[2] 张朝华. 农户参加新农保的意愿及其影响因素——基于广东珠海斗门、茂名茂南的调查 [J]. 农业技术经济，2010（6）：4 – 10.

　　[3] 贾宁，袁建华. 基于精算模型的"新农保"个人账户替代率研究 [J]. 中国人口科学，2010（3）：95 – 102.

新农保基金各个筹资主体的筹资能力做了综合的分析评价：邓大松、薛惠元[1]（2010）对中央政府、集体、农民个人三方主体筹资能力的测算结果表明：中央财政完全能够承担新农保基础养老金，集体补助的落实难以保证，新农保最低缴费标准（100 元／年）在大部分农民的可承受范围内，除去特别贫困地区和特别贫困人群外，这部分群体的缴费义务应由政府代为承担。赵燕妮[2]（2011）通过对近几年全国人口、财政等方面的数据的分析测算，得出了相似的结论。张庆君、苏明政[3]（2011）对辽宁省新农保进行实证考察，分析了该省农民的投保能力、政府的基金筹集能力、投保收益等。对新农保筹资主体筹资能力的研究中，对政府的出资是最主要的：基于 2008 年数据的分析和测算，邓大松，薛惠元[4]（2010）提出新农保应有的财政补助数额。薛惠元、王翠琴[5]（2010）则对财政补助政策的地区公平性进行分析。米红、王鹏[6]（2010）对省市县三级财政补贴进行测算。刘昌平、殷宝明[7]（2010）考量了新农保基金的财政补贴平衡，年度平衡、阶段平衡两种平衡模式与缴费补贴、待遇补贴两种补贴模式相结合，得出结论：阶段式缴费补贴模式是新农保的最优财政补贴机制。

随着新农保的逐步推行，新农保基金在逐渐增加，领取养老金的农民也逐渐增多，学者们开始关注新农保基金的收支平衡问题，对基金的发展趋势进行预测，以预防基金的支付风险。这部分的研究一般是以某一地区的新农保基金为研究对象，采用当地的新农保数据，应用生命表、保险精

[1] 邓大松，薛惠元. 新型农村社会养老保险制度推行中的难点分析——兼析个人、集体和政府的筹资能力 [J]. 经济体制改革，2010（1）：86–92.

[2] 赵燕妮. 新型农村社会养老保险筹资主体缴费能力分析 [J]. 农业经济，2011（11）：75–77.

[3] 张庆君，苏明政. 新型农村社会养老保险基金筹集能力研究——基于辽宁省义县新农保试点的实证考察 [J]. 农村经济，2011（9）：72–74.

[4] 邓大松，薛惠元. 新农保财政补助数额的测算与分析——基于 2008 年的数据 [J]. 江西财经大学学报，2010（2）：38–42.

[5] 薛惠元，王翠琴. "新农保"财政补助政策地区公平性研究——基于 2008 年数据的实证分析 [J]. 农村经济，2010（7）：95–99.

[6] 米红，王鹏. 新农保制度模式与财政投入实证研究 [J]. 中国社会保障，2010（6）：30–32.

[7] 刘昌平，殷宝明. 新型农村社会养老保险财政补贴机制的可行性研究——基于现收现付平衡模式的角度 [J]. 江西财经大学学报，2010（3）：35–40.

算或系统仿真等技术，预测该地区的新农保基金发展趋势。米红、冯磊❶（2009）分析预测了青岛市城阳区总基金发展趋势。张伟、罗剑朝❷（2011）对陕西省农保基金发展趋势进行了预测。封铁英、李梦伊❸（2010）以陕西省为例，基于制度风险参数优化的视角从短期平衡和长期平衡两个维度模拟和预测基金收支平衡状态，并提出了相应的可持续发展政策建议。易锐❹（2010）通过引入农保地方财政补贴力度系数和养老金目标替代率，对湖北省新农保试点的地方财政补贴进行风险识别和评估。赵燕妮❺（2011）对全国农村社会养老保险基础养老金的发展趋势进行了预测。封铁英，董璇❻（2012）以陕西省为例，构建农村养老需求测算模型和新农保筹资规模测算模型，对筹资方案进行优化设计。

　　上述几个问题是学者关注得较多的方面，一些学者还从自己的角度对新农保的筹资问题进行了研究。张芳芳❼（2010）从新农保的筹资结构出发，提出应该根据各地农民生活水平划分政府补贴标准，而不应适用简单的东部、中部、西部的地区政策划分标准。张思锋、杨潇❽（2012）对将新农保基金的账户结构进行归纳，分为"政府补贴基础上的个人账户模式"和"政府补贴基础上的地方性社会统筹与个人账户相结合模式"。李升、薛兴利❾（2012）从博弈论的角度对新农保筹资进行分析，寻求各筹资主体博弈的纳什均衡。也有学者对新农保筹资机制的各个方面都加以研

❶　米红，冯磊. 基于真实参保率的新型农村社会养老保险基金发展预测研究——以青岛市城阳区为例［J］. 山东科技大学学报：社会科学版，2009，11（1）：71 – 75.

❷　张伟，罗剑朝. 陕西省新型农村社会养老保险基金预测研究［J］. 金融经济理论版，2011（3）：59 – 60.

❸　封铁英，李梦伊. 新型农村社会养老保险基金收支平衡模拟与预测——基于制度风险参数优化的视角［J］. 公共管理学报，2010，7（4）：100 – 110.

❹　易锐. 湖北省新型农村社会养老保险制度财政风险评估［J］. 学术问题研究：综合版，2010（2）：13 – 19.

❺　赵燕妮. 新型农村社会养老保险基础养老金发展预测［J］. 统计与决策，2011（5）：89 – 92.

❻　封铁英，董璇. 以需求为导向的新型农村社会养老保险筹资规模——基于区经济发展差异的筹资优化方案设计［J］. 中国软科学，2012（1）：65 – 82.

❼　张芳芳. 论我国新型农村养老保险的筹资结构［J］. 法制与社会，2010（17）：222.

❽　张思锋，杨潇. 新型农村社会养老保险账户结构研究［J］. 人文杂志，2012（1）：60 – 65.

❾　李升，薛兴利. 新型农村社会养老保险筹资主体利益均衡的博弈分析［J］. 生产力研究，2012（1）：35 – 37.

究，林源❶（2011）对新农保的筹集模式、筹集标准和筹集渠道都做了分析。

二、关于农村社会养老保险基金投资运营的研究

积累制的养老金基金筹集模式，必然会涉及基金的保值增值问题。新农保个人账户基金实行积累制，其保值增值直接关系到新农保的可持续性。一些学者也注意到了这一问题，开始了相关研究。

在新农保未出台前，老农保基金缺乏保值增值的渠道成为学者们诟病最多的问题，学者们也对这一问题的解决提供了相关的建议。肖燕娜❷（2006）建议设立专门金融机构对农保基金进行专业化运营管理。王广同❸（2007）提出了投资主体专业化及投资组合多元化的策略。段秀萍、谭静❹（2007）运用马科维茨的有效集定理，构建养老基金的有效集以及其特殊的无差异曲线，研究农保基金投资的最佳组合比例。彭扬华❺（2008）将新农保基金的保值增值手段归纳为存入国有商业银行、购买政府债券或者企业债券、投资国内与海外资本市场等主要的三种。

随着新农保制度的推行和覆盖面的扩大，新农保筹集的资金加上老农保留存的资金，其规模越来越大，其保值增值问题也越来越迫在眉睫。刘尚洪、闫薇然❻等（2010）认为单一的投资渠道很难实现新农保基金的保值增值，新农保基金储存面临风险，而且我国资本市场发育不健全，部分投资无法收回，主管部门仍未制定相应的解决办法。孟娇❼（2010）指出

---

❶ 林源. 我国新型农村社会养老保险基金筹集机制研究 [J]. 统计与决策，2011（18）：110 –113.

❷ 肖燕娜. 农村社会养老保险基金的保值增值途径研究 [J]. 福建农林大学学报：哲学社会科学版，2006，9（5）：12 –15.

❸ 王广同. 农村社会养老保险基金投资运营问题探讨 [J]. 安阳师范学院学报，2007（1）：41 –43.

❹ 段秀萍，谭静. 农村养老保险基金投资组合比例的探讨 [J]. 农村经济与科技，2007（1）：29 –30.

❺ 彭扬华. 中国农村养老保险基金筹集与增值问题研究 [D]. 湘潭：湘潭大学，2008（11）.

❻ 刘尚洪，闫薇然. 农村社会养老保险存在的问题及对策 [J]. 沈阳农业大学学报：社会科学版，2010，12（5）：637 –639.

❼ 孟娇. 我国农村社会养老保险存在的问题及完善对策 [J]. 广东农业科学，2010（2）：262 –264.

县级管理极大阻碍了新农保基金运营，使其投资运营受到人才、信息、投资能力的限制，未能形成规模效应。有的学者意识到新农保基金由于受到各方面的限制，依靠其自身的运营很难达到保值增值的目的，董关岭❶ (2010) 建议参考借用保险公司合理的投资组合来促进养老基金的保值和增值。

在讨论农保基金保值增值问题的过程中，一些学者还注意到新农保基金运营的社会效应，他们引入资产建设理论的思想，提出农保基金为参保农民提供贷款，既能实现基金的保值增值，又能提高农民的生产能力，从而提高农民参保的积极性以及缴费能力，达到双赢的经济和社会效果。尚长风❷ (2008) 提出农保基金为资金来源，为参加农村养老保险的农村居民提供信贷。由新疆呼图壁县首创的农保保险证质押贷款模式的成功，引发了学者们对保险证质押贷款这一特殊的农保基金贷款模式的研究。中国农村养老保险证质押贷款研究课题组❸ (2008) 认为这一模式在拓宽农保资金保值增值渠道的同时，也创建了一个积累家庭资产和本地财富的新循环，是一种集农民养老保障、农户资产建设、农村金融发展多赢的制度安排。马忠❹ (2008) 对"呼图壁模式"和"四川通江模式"两种农村养老保险质押贷款模式进行了比较研究，提倡采用农民可借用他人农保证质押贷款的"呼图壁模式"，并进一步提出了完善"呼图壁模式"的对策建议。

王保强❺ (2010) 把新农保基金运营模式归纳为"呼图壁模式"、委托投资模式、农村保险基金银行管理模式和自主投资模式四种，并分别对管理成本、收益性和风险性进行比较分析。

---

❶ 董关岭. 采用新型商业社保模式破解新农保问题 [J]. 现代物业：中旬刊，2010，9 (2)：70-71.

❷ 尚长风. 农村养老保险基金运作的创新模式研究 [J]. 当代经济科学，2008，30 (3)：66-69.

❸ 中国农村养老保险证质押贷款研究课题组. 养老保险和农村金融双赢的制度安排——新疆呼图壁县养老保险证质押贷款研究 [J]. 东岳论丛，2008，29 (7)：32-47.

❹ 马忠. 我国农村社会养老保险证质押贷款模式选择 [J]. 新疆财经，2008 (1)：61-64.

❺ 王保强. 新型农村社会养老保险基金管理模式比较 [J]. 大众商务：月刊，2010 (4)：92.

三、关于农村社会养老保险运营管理模式与风险监管的研究

国际上社保基金的运营管理模式有政府直接运营、商业机构竞争运营与政府委托专业机构运营三种模式。对于我国农村社会养老保险基金采用何种运营管理模式，学者们提出了不同的观点。尚长风❶（2006）提出借鉴智利养老保险基金运营管理经验，对农保基金实行由商业性公司竞争运营管理的模式，由政府对商业运营公司进行监督。张茜❷（2011）也主张设立基金管理公司对新农保进行运营管理。刘昌平❸（2008）认为农村社会养老保险个人账户基金应首选委托投资的运营管理模式。由省级农保经办机构委托外部竞争性商业机构进行运营管理。特殊情况下，还可将养老保险基金的账户管理权委托给商业机构。由社会保障基金监管机构和金融监管机构对农保经办机构和商业运营机构进行监督。

目前关于新型农村养老保险基金采取何种管理模式，如何管理还没有统一的认识。

在农村社会养老保险基金的监督方面研究较少，主要是近年来才开始有所研究。王令耀❹（2006）提出外部监督的视角，由审计、监察、财政等有关部门联合对新农保基金进行监督。显然这种开放式的监督力度是不够的。刘瑞莲❺（2009）认为加强新型农村社会养老保险基金监管的必要性在于农村社会养老保险基金积累额不断增多、基金运营风险加大、缺乏运营管理手段，管理不规范等，提出了建立信息披露制度、加强投资运营监管、完善监管法律制度等建议。程淑君、张茜❻（2011）认为农村社会

---

❶ 尚长风. PPP 模式在农村养老保险制度中的运用［J］. 审计与经济研究，2006（2）：71－74.

❷ 张茜. 新型农村社会养老保险基金管理模式探究［J］. 经济研究导刊，2011（5）：91－92.

❸ 刘昌平. 中国新型农村社会养老保险制度研究［J］. 保险研究，2008（10）：38－41.

❹ 王令耀. 我国农村养老保险制度面临的困境及对策［J］. 安徽农学通报，2006（11）：7－9.

❺ 刘瑞莲. 加强新型农村社会养老保险基金监管的必要性和对策分析［J］. 科技情报开发与经济，2009，19（29）：103－104.

❻ 程淑君，张茜. 完善新农保基金监管体系的设想［J］. 经济研究导刊，2011（26）：100－101.

养老保险基金的监管存在管理层次低、管理不规范等问题，提出加强法制化建设、设立专门的监管机构和加强社会监督的对策建议。

四、简要评述

我国学者对新农保基金筹集的研究较为深入和充分，对农民的参保意愿、政府的筹资责任以及各个主体的筹资能力都进行了系统的研究。同时还对个别地区基金的收支平衡进行测算，对基金的筹资结构也有一定的研究。目前新农保基金的筹集研究较为全面，但对筹资结构的研究没有注意到不同地区的差异性，对新农保基金产权结构及筹资主体的权益没有相关研究。另外，关于新农保基金运营和管理问题的研究较少，对于新农保基金的运营管理模式没有统一认识，对新农保基金的保值增值和风险监管的研究多停留在政策建议层面，缺乏系统和深入的理论研究。

由于国外大多数国家实行的是城乡一体的社会保障制度，因此国外专门针对农村社会养老保险基金方面的研究并不多见，但国外对社会养老保险基金的研究已形成较为完善的理论体系，对我国新农保基金的研究具有重要的理论借鉴意义。本章对国外社会养老保险基金筹集、投资运营、管理监督等方面的研究进行回顾总结，为本书后续对新农保基金运营管理的研究提供理论借鉴。

在我国学者对新型农村社会养老保险基金的研究方面，本章对新农保基金筹资、投资运营、风险监管等方面的研究进行梳理和归纳，指出现有研究的不足，并明确本研究的重点和方向。

第三章 新型农村社会养老
保险基金的筹集

资金的来源是一项养老保险制度建立和推行的基础，只有资金顺利筹集，养老保险制度才能顺利运行，达到其应有的社会养老功能。不同的养老保险基金筹集模式决定了不同的基金运营和管理模式，也决定了不同的权益分配机制。因此，本书首先对新农保基金的筹集问题进行研究，分析其筹集机制以及由此决定的账户性质和权益归属。

第一节 我国新型农村社会养老保险概况

我国农村社会养老保险制度的建设和改革经历了"老农保""地方新农保"和"国家新农保"（即现行全国统一的新型农村社会养老保险）三个阶段。每个阶段的制度设计以及基金的管理都有不同的特点，通过比较分析，可以更清楚地了解现阶段的新型农村社会养老保险制度及其基金的特点。

一、我国农村社会养老保险制度的改革进程

（一）"老农保"及基金管理

我国在 20 世纪 80 年代开始探索建立农村社会养老保险制度。1992年 1 月，民政部制定下发了《县级农村社会养老保险基本方案（试行）》（以下简称《基本方案》），标志着全国统一的农村社会养老保险制度（以下简称"老农保"）的建立。

根据《基本方案》，"老农保"采用完全基金积累制的个人账户模式，基金筹集方式为"个人缴纳为主，集体补助为辅，国家予以政策扶持"，其中个人缴纳部分占比一般不得低于保险费的 50%，集体补助主要从乡镇企业利润中支出，个人缴费和集体补助全部记在个人名下。国家主要给

予相关的政策支持。个人缴费标准实行每月 2～20 元 10 个档次，参保农民自主选择。基金实行县级统筹管理，只允许购买国债和存入银行，不能直接用于投资，个人账户基金积累期实行分段计息。参保人满 60 周岁后，根据其个人账户基金积累本息和平均余命确定养老金发放标准。到 1997 年年底，"老农保"制度的覆盖范围和参保人数曾达到过阶段性的顶峰。

"老农保"对保障农民基本养老生活、促进农村经济发展、维护农村社会稳定曾发挥过重要的作用。但是由政府责任缺位，集体补助难以落实，以致最终成为农民个人养老储蓄。加之其存在着统筹层次低、覆盖面小、保障水平低、基金管理不规范、保值增值困难等制度障碍，该项制度最终难以为继。1999 年，国务院要求对"老农保"进行清理整顿，停止接受新业务。

（二）各地"地方新农保"及基金管理

2002 年 11 月，党的十六大明确提出"在有条件的地方探索建立农村社会养老保险制度"，标志着农村社会养老保险工作进入一个创新发展的新阶段。

"地方新农保"主要是由各级地方政府根据自身的实际情况开展的。自 2004 年以来，先后已有 400 多个县（市、区）开展了有地方财政补贴的农村社会养老保险（以下简称"地方新农保"）制度试点。各地开展的"地方新农保"制度逐步明确了政府和集体在农民养老问题上的财政责任，较"老农保"制度有较大的进步。但在统筹层次上，大部分地区的"地方新农保"基金管理仍然实行县级统筹。

作为探索性的制度建设，国家并没有出台统一的指导意见对"地方新农保"进行规范，导致"地方新农保"制度差异较大，每个区（县）实施的"地方新农保"制度均不相同。如缴费基数、个人缴费、集体补助和政府补贴比例以及补贴的方式、基金统筹层次、养老金计发办法、领取标准存在不同，就连在参保范围的规定上也不相同，"碎片化"现象严重。❶

---

❶ 米红. 我国新型农村社会养老保险制度推进的若干问题与对策建议 [J]. 中共浙江省委党校学报，2009（5）：5－11.

二、我国新型农村社会养老保险及其基金

2009 年 9 月 1 日，国务院印发了《关于开展新型农村社会养老保险试点的指导意见》（以下简称《指导意见》），标志着全国新农保试点工作正式启动，从此新农保进入了逐步扩大的试点阶段。

《指导意见》对新农保做出了制度安排，包括新农保制度的基本原则，任务目标，参保范围，基金筹集、管理与监督，养老金待遇、待遇领取条件及待遇调整，经办管理服务，相关制度衔接以及组织领导等方面的规定。新农保制度的建立，通过先行建立覆盖全体农村居民的社会养老保险制度，从而为建立覆盖城乡居民的有中国特色的新型养老保险制度奠定了基础。

根据《指导意见》，新农保以"保基本、广覆盖、有弹性、可持续"为基本原则，采用社会统筹与个人账户相结合的基本制度模式。新农保基金由个人缴纳、集体补助和政府补贴三部分构成，养老金待遇由基础养老金、个人账户养老金组成，支付终身。新农保基金纳入社会保障基金财政专户，实行收支两条线管理，单独记账、核算，按有关规定实现保值增值。新农保基金的监管职责由各级人力资源社会保障部门履行。试点阶段，新农保基金暂实行县级管理；随着试点扩大和推开，逐步提高管理层次，有条件的地方也可直接实行省级管理。

新农保是一种普惠制的社会养老保险方式，农村居民只要年满 60 岁，不论是否参保，均可享受 55 元/月的基础养老金。中央政府和各地方政府对"入口"和"出口"提供补贴，因此新农保基金具有持续、稳定、可靠的政策和资金支持，这是新农保基金比老农保基金最显著也是最根本的进步。主要体现在以下三个方面。

（一）采用社会统筹与个人账户相结合的基本模式

参加新农保农民的养老金待遇由基础养老金和个人账户组成。基础养老金由中央和地方政府补贴，属于社会统筹账户，采用的是现收现付制的筹资模式；参保农民个人缴费与地方政府提供的补贴全部纳入个人账户，个人账户采用的是积累制的筹资模式。因此，新农保采用的是现收现付制与完全积累制相结合的部分积累制的筹资模式。这一筹资模式与我国城镇居民养老保险的筹资模式是一致的，为将来与城镇居民养老保险接轨奠定了基础。

（二）基金来源由个人缴费、集体补助、政府补贴共同组成

参保农民作为新农保的投保人与受益人，理应成为主要的缴费主体，这是符合社会养老保险制度的理念的。

按照法律规定，乡村集体经济属于乡、村社区内的全体农民所有，乡、村的有关机构（乡镇政府、村委会）作为集体资产的代理人行使财产权利，管理集体财产，但所有者依然是社区内的所有农民。因此有条件的集体经济为农民参保提供补助是有理论依据的。

新农保最为显著的特点是政府提供财政支持。根据《指导意见》，政府对参保农民养老待遇的"入口"和"出口"都给予补贴。"入口"补指的是为农民缴费提供补贴，"出口"补指的是为农民领取基础养老金提供补贴。中央财政对"出口"基础养老金提供支持，对中西部地区的基础养老金部分给予全额补助，对东部地区提供50%的补助。地方政府主要对"入口"缴费部分提供补贴，东部地区的地方政府还要承担"出口"基础养老金50%的补贴。

（三）养老金待遇支付终身

参保农民的养老金待遇包括基础养老金和个人账户养老金两部分。个人账户养老金的月计发标准为全部储存额除以139。如此计算，个人账户中的积累余额11年6个月就会领取完毕。参保农民年满60周岁可以开始领取养老金，其71岁6个月后个人账户中即无积累资金供其领取。《指导意见》规定，其后续养老金待遇将由国家财政全额承担。

新农保制度的这三个显著特点，强调了政府的财政责任，使新农保真正成为具有社会性和福利性的养老保险制度。

第二节　我国新型农村社会养老保险基金筹资机制

新型农村社会养老保险与老农保及各地区农保的最大的区别在于个人、集体、国家共同出资的筹资模式，即个人缴费、集体补助和政府补贴相结合，共同出资构成新农保基金。这种筹资机制保证了新农保基金来源更充足，使新农保制度的推行更具有可持续性，同时也对新农保基金的投资、运营、监管等一系列管理问题产生了重要的影响，因此，有必要对新农保的筹资机制进行深入的分析。

一、新型农村社会养老保险基金的筹资结构

过去"老农保"在筹资机制设计上，国家只提供政策支持，集体经济给予补助，主要由农民个人负担费用，从而演变成农民的个人储蓄。❶这种制度设计在理论界和实践中都被诟病为"老农保"最终失败的最根本原因。为保证农村养老保险制度能够真正建立起来，使我国广大农民真正能够老有所养，新型农村社会养老保险在筹资机制上做了重要改革，采用了国家、集体、个人共同出资的模式。根据《指导意见》，新农保基金由个人缴费、集体补助、政府补贴构成。

（一）政府补贴

《指导意见》规定，政府对符合领取条件的参保人全额支付新农保基础养老金，其中中央财政对中西部地区按中央确定的基础养老金标准给予全额补助，对东部地区给予50%的补助。❷

地方政府应当对参保人缴费给予补贴，补贴标准不低于每人每年30元；对选择较高档次标准缴费的，可给予适当鼓励，具体标准和办法由省（区、市）人民政府确定。对农村重度残疾人等缴费困难群体，地方政府为其代缴部分或全部最低标准的养老保险费。

养老金待遇由基础养老金和个人账户养老金组成，支付终身。

中央确定的基础养老金标准为每人每月55元。地方政府可以根据实际情况提高基础养老金标准，对于长期缴费的农村居民，可适当加发基础养老金，提高和加发部分的资金由地方政府支出。❸

中央政府补贴：新农保根据"基础养老金＋个人账户养老金"的方法提供养老金待遇。根据《指导意见》，基础养老金标准为每人每月55元，由政府财政全额负担。中央财政对中西部地区全额补助，东部地区由中央政府和地方政府分别支出1/2。中央政府对不同地区采用不同的

---

❶ 谢和均. 我国养老保险个人账户基金现状分析及对策建议 [J]. 经济问题探索，2011（3）：144 – 147.

❷ 按照国家政策规定，目前我国东部地区包括北京、天津、河北、辽宁、上海、江苏、浙江、福建、山东、广东和海南；中部地区包括山西、吉林、黑龙江、安徽、江西、河南、湖北、湖南；西部地区包括四川、重庆、贵州、云南、西藏、陕西、甘肃、青海、宁夏、新疆、广西、内蒙古。港、澳、台属于特别行政区，国家在东中西部划分时，暂未将其包括进来。

❸ 国务院. 国务院关于开展新型农村社会养老保险试点的指导意见 [Z]. 2009.

支付方式，充分考虑了中西部地区和东部地区的经济发展和收入水平的差距，更具有科学性，也有利于提高不同地区推进新农保制度的积极性。

地方财政补贴：（1）对于普通参保农民，地方政府对于农民的年缴费给予补助，其标准不低于每人每年 30 元。（2）对于无法缴费的贫困群体，由地方政府代缴部分或全部养老保险费。充分考虑了重度残疾人及其他困难群体的特殊性，使这些最需要帮助的困难群体不因无力缴费而被排除在新农保的制度之外，在养老上也能够得到充分救济。（3）对于选择较高档次的缴费群体，由各地政府根据本地经济等情况给予适当补助鼓励。（4）适当提高和加发部分的基础养老金。（5）东部地区地方政府还需对基础养老金的 50% 给予补助。

（二）个人缴费

参保农民的个人缴费仍然是新农保基金的主要来源，这种制度设计是符合"谁投保、谁收益"的养老保险理念的。根据《指导意见》，参保农民的缴费标准设为每年 100 元、200 元、300 元、400 元、500 元 5 个档次。地方政府可以根据当地经济情况和农民收入水平增设缴费档次，既可以向上增设，也可以向下增设。参保农民可以在设定的档次内自主选择，缴费收入全部计入参保农民个人账户，所以农民是多缴多得。

（三）集体补助

《指导意见》规定："有条件的村集体应当对参保人缴费给予补助，补助标准由村民委员会召开村民会议民主确定。鼓励其他经济组织、社会公益组织、个人为参保人缴费提供资助。"集体补助作为新农保基金的来源之一，不限于农民所属的村集体提供的补助，其他经济组织、社会公益组织、个人都可资助农民参保，这些主体的资助同样纳入集体补助部分。扩大集体补助的范围，有助于拓宽新农保基金的筹资渠道，避免集体补助缺失。

二、我国各地新型农村社会养老保险基金的筹资结构

国务院 2009 年 9 月颁布《指导意见》后，新农保试点在全国逐步铺开。由于目前处于新农保制度的推行阶段，《指导意见》也授予地方政府一定的自主权，因此全国各地的新农保制度实施情况很不统一，新农保基

金的筹资结构也不统一。各省（自治区、直辖市）根据《指导意见》分别制定了本省（自治区、直辖市）的实施意见或实施细则，对新农保基金的筹集、运营、管理等各方面做出规定。本书通过对全国各省（自治区、直辖市）的实施规定进行梳理，分析各地新农保基金的筹资结构，具体见表3-1。

表3-1 全国各省（自治区、直辖市）新农保基金筹资结构一览表❶

缴费类型	分类	省（自治区、直辖市）
中央政府补贴	中央财政对中西部地区按中央确定的基础养老金标准（55元/月）给予全额补助，对东部地区给予50%的补助。东部地区由地方财政补齐剩余的50%	
地方政府补贴	固定补贴额度	北京、河北、上海、江苏、江西、山东、河南、湖北、广东、贵州、西藏、甘肃、新疆（共13个）
	在固定补贴的基础上，适当鼓励	辽宁、浙江、安徽、湖南、广西、四川、云南（共7个）
	按档次规定补贴额度，适当鼓励	山西、内蒙古、吉林、黑龙江、福建、海南、陕西、青海、宁夏（共9个）
集体补助	有条件的村集体应当对参保人缴费给予补助，补助标准由村民委员会召开村民会议民主确定	河北、山西、内蒙古、辽宁、吉林、江苏、浙江、安徽、福建、江西、山东、河南、湖北、湖南、广西、重庆、四川、贵州、云南、西藏、陕西、甘肃、青海、宁夏、新疆（共25个）
	有条件的村集体经济组织应对所属成员参保给予补助，补助数额由村集体经济组织研究决定	北京、广东（共2个）
	有条件的村集体应当对参保人缴费给予补助，补助标准由村民委员会召开村民会议民主确定，但规定补贴上限	黑龙江、上海、海南（共3个）

❶ 天津市实行城乡居民一体的社会养老保险制度，所以没有制定专门针对农民社会养老保险的规定，没有专门的农村社会养老保险资料和数据。重庆市也实行城乡居民一体的社会养老保险制度，只对农民参保缴费档次和标准做出规定。

续表

缴费类型	分类	省（自治区、直辖市）	
农民缴费标准	按照国家标准设置5个档次	河北、内蒙古、辽宁、吉林、安徽、江西、山东、河南、湖北、广东、广西、四川、云南、西藏、陕西、甘肃、青海、宁夏、新疆（共19个）	
	根据本地情况规定档次个数及档次标准	上海	500元/年、700元/年、900元/年、1100元/年、1300元/年，5个档次
		江苏	100元/年、200元/年、300元/年、400元/年、500元/年、600元/年，6个档次
		福建	100元/年、200元/年、300元/年、400元/年、500元/年、600元/年、700元/年、800元/年、900元/年、1000元/年、1100元/年、1200元/年，12个档次
		海南	100元/年、200元/年、300元/年、400元/年、500元/年、800元/年、1000元/年，7个档次
		重庆	200元/年、400元/年、600元/年、900元/年，4个档次
		贵州	100元/年、200元/年、300元/年、400元/年、500元/年、600元/年、700元/年、800元/年，8个档次
	在国家标准的基础上增设缴费档次，但最高不超过1000元	山西、黑龙江（共2个）	
	根据农民人均纯收入做适当调整	北京	新型农村社会养老保险费采取按年缴费的方式缴纳。最低缴费标准为本区（县）上一年度农村居民人均纯收入的10%。最低缴费标准以上部分由参保人员根据承受能力自愿选择
		浙江	100元/年、200元/年、300元/年、400元/年、500元/年，5个档次。各地可按不低于当地上年农村居民人均纯收入或城镇居民人均可支配收入5%的额度，增设和调整若干绝对额缴费档次
		湖南	100元/年、200元/年、300元/年、400元/年、500元/年，5个档次。市州、县市区政府可根据当地农民人均纯收入情况，增设每年高于500元的缴费档次

资料来源：全国各省（自治区、直辖市）新型农村社会养老保险实施办法或实施细则。

根据表3-1的统计分析可以看出，中央政府对新农保的补贴是完全按《指导意见》执行的。中央财政对中西部地区基础养老金给予全额补贴，即每人 55 元/月，对东部地区基础养老金给予 50% 的补贴，即每人补贴 27.5 元/月。

地方政府补贴都能保证国务院规定的每人 30 元/年的标准。北京等 13 个省（自治区、直辖市）的地方政府按 30 元/年的标准对农民缴费进行补贴；辽宁等 7 个省（自治区、直辖市）在 30 元/年标准的基础上，鼓励增加补贴；山西等 9 个省（自治区）按农民选择的缴费档次规定补贴额度，鼓励农民选择较高档次的缴费标准。

关于集体补助，各地都规定有条件的村集体应当对农民缴费参保给予补助。但对于补助标准及其确定方式规定不同，主要有三种方式。一是由村民委员会召开村民会议民主决定，河北等 25 个省（自治区、直辖市）采用了这一模式。二是同样由村民会议决定，但规定了补贴的上限，黑龙江、上海和海南 3 个地区采用这一模式。黑龙江规定对每名参保人的补助每年最高不超过 1000 元，累计补助不超过 4 万元；上海规定补助总额不超过相应年度个人年缴费标准的最高档次；海南规定补助和资助的最高限额为当年最高缴费标准的 3 倍。三是由集体经济组织自行决定补助数额，北京和广东采用了这一模式，主要原因可能在于两地的集体经济发展较好，经济实力较强。如广东河源市东源县红光村直接由集体经济为农民缴费提供全额补助，补助标准为个人缴费的最低标准每人 100 元/年。❶

关于农民个人缴费标准的设定，主要有四类规定。一是大部分地区都按国家规定的 5 个档次进行缴费，包括河北等 19 个省（自治区）。二是在国家标准的基础上，允许下属市、县增设缴费档次，但最高不超过 1000 元，山西和黑龙江两省采用这一规定。三是根据本地情况自行规定缴费档次个数和标准，如上海规定 5 档，最高档 1300 元/年；江苏规定 6 档，最高档 600 元/年；福建规定 12 档，最高档 1200 元/年；海南规定 7 档，最高档 1000 元/年；重庆规定 4 档，最高档 900 元/年；贵州规定 8 档，最高档 800 元/年。四是根据当地农民人均纯收入调整缴费标准，如北京的最低缴费标准为本区（县）上一年度农村居民人均纯收入的 10%。最低缴费标准以上部分由参保人员根据承受能力自愿选择，浙江和湖南在国家规定的 5 个档次基础上，由下属市、县根据当地农民人均纯收入情况

---

❶ 资料来源：对广东河源市东源县红光村新农保经办人员的访谈。

增设档次。

通过以上分析可知，中央财政补贴是有国家政策保障的，地方政府补贴也是有省、市以及县各级财政保证的，尽管个别基层地区财政紧张，省级财政也会提供相应的支持；而集体补助是软性的，没有硬性的规定；农民缴费标准的设定各地的差异较大，大部分地区按国家标准规定农民的缴费档次，但也有不少地区对缴费档次和标准自行做了规定。

三、新型农村社会养老保险基金筹资机制评价

（一）新型农村社会养老保险基金筹资机制的优越性

第一，强调政府责任，促进保基本、广覆盖目标的实现。

如上所述，新农保筹资结构中强调了政府补贴，这是符合国际先进经验的。如德国政府对农村社会养老保险的补助占 70%；法国政府对农村养老保险金的补贴份额占整个农村社会保险预算的大部分，超过 60%；日本政府对农村社会养老保险补贴份额在 43% 以上，且有逐年增大的趋势。❶

政府"保基本""广覆盖"的目标，主要体现在基础养老金的"出口补"和地方财政补贴的"入口补"上。中央政府和地方政府对新农保的"基础养老金"承担了兜底责任，保障了农村居民老年生活的最基本水平，而且所有年满60周岁的农村居民均可享受，保证了覆盖面。体现新农保制度的基本性、社会互济性和普惠性。地方政府的"入口补"责任，包括一般缴费补贴、为特别困难群体的代缴费、给选择高缴费标准的农民的激励补贴等，既保证了新农保基金的来源，也有利于调动农民参保的积极性，从而达到广覆盖的目标。

第二，农民参保自愿，缴费标准采用弹性制。

与城镇居民养老保险强制参保、固定标准不同，新农保允许农民自愿选择是否参保，且缴费标准采用弹性制，有100元、200元、300元、400元、500元共5个档次，农民可以根据自己的经济状况选择不同标准自愿缴纳。这种自愿的、有弹性的缴费制度是符合我国农村发展的实际情况的。我国城乡经济发展不平衡，东西部地区农村的经济发展差距也很大，

---

❶ 赵殿国. 积极推进新型农村社会养老保险制度建设［J］. 经济研究参考，2008（32）：13－18.

即使在同一地区，农民的贫富差距也是客观存在的。允许农民自愿选择参保，自由选择缴费档次，一来可以使农民在情感上更容易接受新农保这一惠农政策，二来也符合农民的客观能力和需求，从而促进了新农保基金的筹集和新农保制度的推行。

第三，基础养老金和个人账户相结合，保证新农保的可持续性。

如前所述，新农保采用基础养老金和个人账户相结合的模式，基础养老金属于现收现付的社会统筹账户，由政府财政全额承担，具有可持续性。而农民个人缴费和地方政府的补贴以及集体补助全部纳入农民的个人账户。个人账户属于积累制的基金账户，对新农保制度的持续发展具有重要的意义。由于个人账户的私有性、账户内的资金具有可继承性、资金存量与增量都可随人转移等特点，充分保证了参保农民的权益，即使养老保险关系发生转移，个人账户的保险权益也属参保农民所有，由此保证了新农保制度的可持续发展。另外，个人账户的积累，使新农保基金不断发展壮大，是新农保基金筹集的重要部分。

（二）新型农村社会养老保险基金筹资机制的不足及完善

第一，中央政府基础养老金补贴标准划分不合理。

目前新农保基金中基础养老金部分，中西部地区由中央财政提供全额补贴，东部地区由中央财政和地方财政分别承担 50%。新农保基金筹集的财政补贴强调了新农保制度中的政府责任，但对补贴标准的设计只是粗略按地域划分，没有详细考虑各地区的经济状况，存在不合理之处。

对处于中西部地区的富裕地区而言，依然采取由中央政府全部补贴或与地方政府分担财政支出的方式，会无端加重中央政府的财政压力；而对处于东部地区的少数贫困地区而言，中央财政补贴的减少，势必导致地方政府财政支出的过大，也不能使财政得到充分合理的有效利用。[1] 因此，应设立一定的贫富判断标准，根据一定的经济发展标准和生活水平，将全国的农村地区划分为经济富裕地区、经济中等地区、经济贫困地区，对不同的地区中央财政给予不同程度的补贴。

第二，中西部地区地方政府财政紧缺。

新农保基金的筹资机制强调了政府的筹资责任。中央政府对基础养老金的支持能力毋庸置疑。地方政府需要对参保农民的个人缴费进行补贴和

---

❶ 张芳芳. 论我国新型农村养老保险的筹资结构 [J]. 法制与社会, 2010 (17): 222.

激励。在经济发达地区，政府具有补贴的能力，甚至还会制定比基本补贴更高的标准来激励农民参保。但我国地区和城乡发展不平衡、城乡收入差距大，在经济落后地区特别是中西部贫困地区，地方政府为农民提供补贴压力较大。❶ 因此，应该根据各地财政能力，制定灵活的补贴标准，必要情况下还可以由上级财政给予一定的配套资金支持。这样既保证新农保基金有充足的来源，又避免给经济落后地区的地方财政造成太大的负担。

第三，集体补助缺乏硬约束。

从新农保先期试点的基金筹集现状来看，经济条件较好的地区，集体经济可以提供一定的缴费补助；而经济条件差的地区，则根本无任何集体补助。究其原因，一方面，是集体经济实力薄弱，我国除了少部分地区集体经济发展较好外，绝大部分地区的农村集体经济实力非常薄弱，基本上无法提供补助。另一方面，《指导意见》只是规定"有条件的村集体应当对参保人缴费给予补助，补助标准由村民委员会召开村民会议民主确定"，并未对集体为农民参保提供缴费补助进行强制性的规定，而且也未对"有条件"做出说明，标准也由村委会或集体经济自行确定，这种软性规定，使新农保的集体补助最终流于形式。因此，应在大力发展集体经济的同时，对集体补助制定一定的硬性要求，对于没有集体经济的农村，可以从土地承包费等集体收入中出资。因为农村养老保险，是保证农民老年基本生活的一项重要制度，对农村和社会的长远发展具有重要的意义，而集体经济从所有权属性上看属于农民集体所有，理应负担起农民养老的基本责任。

第三节　新型农村社会养老保险基金的账户性质与权益归属

一、社会养老保险的产品属性

根据产品的属性，产品可分为公共产品、私人产品和混合产品三种，其中混合产品又包括准公共产品。有学者将公共产品和私人产品称为共用

---

❶ 陈美. 制约新型农村社会养老保险基金筹集的因素分析 [J]. 经济研究导刊, 2009 (32)：32－33.

品和私用品。对共用品的正式分析始于萨缪尔森。共用品与私用品的区别在于共用品可以同时给一系列使用者提供利益，私用品在任何时候都只能为单个使用者提供利益。如果共用品可以服务于任意数量的使用者，则叫作纯共用品。[1] 公共产品的供给具有以政府为供给主体、规模供给、无差异供给和非均衡供给等特点。准公共产品指同时具有公共产品和私人产品特征的产品，它的供给既可以由政府部门利用给予补助的办法通过市场提供，也可以由私人部门通过市场提供。

公共产品具有效用的不可分割性、消费的非竞争性和受益的非排他性三个主要的特性。效用的不可分割性（Non-divisibility），是指公共物品是向整个社会共同提供的，具有共同受益或联合消费的特点，而不能将其分割为若干部分，分别归属于某些个人或厂商享用。或者说，不能按照"谁付款，谁受益"的原则，限定为由付款的个人或厂商享用；消费的非竞争性（Non-rivalness），是指某一个人或厂商对公共物品的享用，不排斥、妨碍他人或厂商对其的同时享用，也不会因此而减少其他人或厂商享用该种公共物品的数量或质量；受益的非排他性（Non-excludability），是指在技术上没有办法将拒绝为之付款的人或厂商加以阻止，任何人都不能用拒绝付款的办法，将其所不喜欢的公共物品排除在其享用范围之外。[2]

判断一个产品是否公共产品，主要步骤为先判断其在消费中是否具有非竞争性，再进一步分析其受益是否具有非排他性。由此产品可分为四种不同类型的物品：（1）同时具有非排他性与非竞争性的纯公共物品；（2）同时具有排他性与竞争性的纯私人物品；（3）具有非排他性与竞争性的公共资源；（4）具有排他性与非竞争性的准公共物品。产品的分类如图 3 - 1 所示。

关于社会养老保险的产品属性有公共产品说和准公共产品说两种观点。持社会保障属公共产品观点的主要理由为社会保障主要由政府提供，具有强制性，而且社会养老保险满足公共产品非竞争性、非排他性的要求。对于一项已建立的社会养老保险制度而言，增加一个人消费所增加的

---

[1] 加雷斯·D. 迈尔斯. 公共经济学 [M]. 匡小平，译. 北京：中国人民大学出版社，2001：274.

[2] 黎民. 公共管理学 [M]. 北京：高等教育出版社，2009：272 - 273.

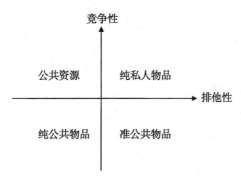

图 3 – 1　产品的分类图

成本为零，亦即某个人对参加该项制度不影响其他人的加入，具有消费的非竞争性。同样，某人享有社会养老保险，领取养老金，不能排斥其他人享受养老金，因为社会养老保险是面对全社会的。

有的学者对社会养老保险的属性持准公共产品的观点。这些学者认为社会保障不同时具备公共产品的非排他性和非竞争性两个特征，因而将社会保障归为准公共产品。持这种观点的学者一般是从社会保障制度的微观层面即从社会保障的具体项目的角度来区别社会保障的属性的。❶ 对于社会养老保险，准公共产品的观点也是基于某些项目由于在制度上或技术上将某些人排除在可享受制度之外，因而具有排他性。

对于社会养老保险的产品属性，理论界观点不一，但对于社会养老保险中的基本养老保险，其公共产品的特性是具有共识的。

二、新型农村社会养老保险基金账户的性质

根据公共产品理论，公共产品供给以政府为主体，而准公共产品的供给是多元的，既可以由政府部门利用给予补助的办法通过市场提供，也可以由私人部门通过市场提供。新农保基金采用"基本养老金 + 个人账户"的筹集模式，由于基本养老金和个人账户的资金来源不同，其账户的性质也不同。

新农保基金中的基础养老金属统筹账户，由政府财政全额供款，具有

❶　杨莲秀. 政府部门在社会保障制度中的定位和职责——基于公共产品理论 [J]. 财会研究，2008（20）：9 – 10.

明显的公共产品属性。首先，基础养老金具有效用的不可分割性，我国所有年满60周岁的农民都可享受基本养老金，因此并不能将基础养老金分割归属某个或某些农民享有，也即具有共同受益或联合消费的特点；其次，基础养老金具有消费的非竞争性，农民个人领取基础养老金，并不排斥或妨碍其他农民同时领取，也不会减少其他农民可领取基础养老金的额度；最后，基础养老金具有受益的非排他性，即某个农民的受益不能排除其他农民于新农保制度之外，基础养老金应由符合领取条件的农民共同享有。

参保农民个人账户积累的养老金只能由农民本人享有，具有消费的竞争性和受益的排他性。因此，新农保基金中的个人账户部分是政府把制度安排作为公共产品，集体（企业）、农民（职工）个人把交费作为私人产品结合起来的混合产品❶，即准公共产品。准公共产品的提供方式可以是多元的，既可以由政府部门利用给予补助的办法通过市场提供，也可以由私人部门通过市场提供。但无论个人账户资金的来源如何，都应充分尊重个人账户资金的私人物品属性，尊重账户所有人的权益。

三、新型农村社会养老保险基金的权益归属

讨论新农保基金的所有权属性对于厘定新农保基金在管理、运营过程中的权益归属具有重要的意义。

根据上述论述，新农保基金中的基础养老金属政府财政支持的公共产品，即中央政府或中央政府和地方政府共同为符合领取养老保险待遇的参保农民提供。可见，基础养老金是政府对新农保的"出口补"，是现收现付的社会统筹账户，不涉及账户转移、继承等产权归属问题，不会产生权益纠纷。因此，对基础养老金的权益归属在此不做深入的讨论。

新农保基金中的个人账户部分主要由个人缴费和地方财政补贴组成。如果有集体补助或者其他社会机构个人捐助，也都纳入参保农民的个人账户。既然在新农保基金中设立个人账户，且是按照个人账户中的全部余额除以139来确定月计发标准，即是承认了参保农民是个人账户全部资金的所有权人，个人账户基金具有私有产权的性质，与个人账户所有权相关的权益自然都归属于参保农民。

---

❶ 李绍光. 深化社会保障改革的经济学分析［M］. 北京：中国人民大学出版社，2006.

坚持设立新农保个人账户，是新农保基金筹集机制的一项重要举措。这是由私有产权提高资源配置效率的功能决定的。根据产权理论，私有产权的配置效率主要体现在几个方面。首先，在产权私有的制度下，获得信息的成本最低，交易成本也最小；其次，产权的私有化决定产权的客体即私有财产可以自由转让，最终使得具有真正行为能力的行为主体来使用资源，从而实现资源配置的效率最大化；最后，私有产权可以对所有权人利用资源产生有效的激励，因为理性的所有权人必然追求其个人收益的最大化，那么他在做出一项行动决策时，必然要努力使得该行为的收益最大，成本最小。❶ 因此，从理论上分析，私有产权性质的个人账户基金也应具有较高的资源配置效率，这反映在微观上就是具有较高的基金投资收益率，反映在宏观上就是有利于宏观资源配置的提高和经济增长。❷

确认参保农民对个人账户资金的所有权，承认由该部分基金带来的收益也归其所有，一方面，能够提高农民参保积极性，确保新农保基金的来源，保证新农保制度的可持续；另一方面，有利于厘清由新农保基金的管理、投资等产生的权益归属，避免产生纠纷，从而保证新农保基金的筹集和管理。

但是，《指导意见》规定，"参保人死亡，个人账户中的资金余额，除政府补贴外，可以依法继承；政府补贴余额用于继续支付其他参保人的养老金"。可见，《指导意见》只是承认了个人账户中个人缴费部分（包括集体补助和社会捐助，但较少）的私人所有权，而对个人账户中的政府补贴部分并未承认其私人产权，而是仍然属政府所有。这种规定显然是与个人账户设立的目的和原则是相矛盾的，对新农保基金的筹集和管理带来不利的影响。个人账户中有地方财政补贴资金注入而且非私有化，会使个人账户的保值增值风险责任复杂化。❸ 首先，参保人员死亡时，其家属不能继承个人账户中的政府补贴部分，容易导致农村居民高估死亡风险，从而降低农民参保的积极性；其次，保证农民的养老权益，必然要求对新

---

❶ 张五常. 制度的选择 [M] //张五常. 经济解释卷三：制度的选择. 香港：香港花千树出版社，2002.

❷ 刘江军. 基本养老保险个人账户基金投资管理制度研究 [M]. 武汉：武汉大学出版社，2010：58.

❸ 周运涛. 中国新农保基金管理制度研究——试点问题分析与制度完善构想 [J]. 广西经济管理干部学院学报，2010（4）：27－32.

农保基金进行投资运营以实现保值增值，政府补贴部分也必然参与了投资运营，那这部分资金产生的收益的确定容易产生纠纷；最后，在与城镇基本养老保险制度转换时，个人账户中的地方政府补贴及其带来的收益如何转移，也会存在争议。因此，根据产权理论及新农保的实际情况，应确认新农保个人账户，包括政府补贴部分的私有产权，确保农民对个人账户资金及其权益的所有，从而促进新农保基金的筹集、管理和投资运营等。

本章以实证分析和定性分析为主，在宏观分析新农保制度及其基金的基础上，分析新农保基金的筹资机制和产权结构。

新农保基金由农民个人缴费、集体补助和政府补贴构成。强调新农保基金筹集过程中的政府补贴责任是新农保相比过去农村养老保险制度最大的进步，也是新农保制度可持续发展的保证。农民参保自愿、缴费标准弹性以及基础养老金和个人账户相结合模式都体现了新农保筹资机制的优点。但也存在中央政府基础养老金补贴标准划分不合理、中西部地区财政紧缺和集体补助缺乏硬约束等不足，应分别采取按经济发展水平划分中央补贴标准、根据地方政府能力制定相对灵活的地方财政补贴标准和硬性要求集体经济对农民缴费提供补助等完善措施。

对目前全国各地新农保基金的筹资结构的梳理和比较分析表明，各地新农保基金的中央财政补贴以及地方政府补贴是有国家政策和地方政策保障的；而对于集体补助没有硬性的规定；关于农民的缴费标准的设定，各地的差异性较大。大体上说，经济状况较好的地区，规定的农民缴费档次较多，标准也较高。但应该注意的是，农民的缴费标准和档次并非与经济水平绝对相关，并非经济越好，缴费档次越多，标准越高，反之亦然。

新农保基金筹集采用"基础养老金＋个人账户"的筹集模式，由于基本养老金和个人账户的资金来源不同，其账户的性质也不同。新农保基金中的基本养老金属统筹账户，由政府财政全额供款，具有明显的公共产品属性。新农保基金中的个人账户部分是政府把制度安排作为公共产品、把农民个人缴费作为私人产品结合起来的准公共产品。新农保基金不同账户的不同产品属性决定了不同的提供主体和权益归属。基础养老金属现收现付的社会统筹账户，不涉及账户转移、继承等产权归属问题。应确认新农保个人账户，包括政府补贴部分的私有产权，确保农民对个人账户资金及其权益的所有，从而促进新农保基金的筹集、管理和投资运营等。

第四章　新型农村社会养老保险基金风险分析

2009 年 9 月 1 日国务院发布了《关于开展新型农村社会养老保险试点的指导意见》（以下简称《指导意见》），指出将探索建立个人缴费、集体补助、政府补贴相结合的新农保制度，实行社会统筹与个人账户相结合的模式。根据《指导意见》，新农保 2009 年在全国 10% 的县（市、区、旗）展开试点，以后逐步扩大试点，在全国普遍实施，2020 年之前基本实现对农村适龄居民的全覆盖。

随着计划生育政策的推行与大规模"乡—城"人口迁徙的浪潮，"八四二一"家庭与"空巢"家庭出现的比例逐步上升，人口老龄化趋势进一步加快。农村居民养老困难的问题将变得越来越突出。❶ 因此，新农保这项新政策能否体现出强大的生命力，真正解决农村居民的养老问题，为我国农村的长期稳定发展做出贡献，关键在于其是否具有可持续性。❷ 而新农保政策的可持续性所面临的风险主要来自两个方面：一方面是筹资风险，主要包括政府、集体与个人能否承担相应的缴费义务；另一方面是运营风险，即新农保基金能否进行有效运营，实现相应的保值增值，抵抗通货膨胀的压力，保障农村老年人的基本生活需求。

第一节　新型农村社会养老保险基金的筹资风险

新农保拟通过建立个人缴费、集体补助、政府补贴相结合的养老保险

---

❶ 朱富言，张维龙．全国社保基金运营模式分析与风险控制［J］．金融理论与实践，2008（1）：101 – 103.

❷ 路军．养老保险基金风险管理及可持续能力建设［J］．江西财经大学学报，2006（1）：23 – 26.

制度，并与家庭养老、土地保障相配套，与城镇职工基本养老保险制度相衔接，切实保障农村居民老年基本生活。本书基于新农保政策的筹资结构，从三个角度入手，探讨新农保的筹资风险。首先，本书结合我国经济社会发展现状，分析了政府和个人的出资能力；其次，本书分析了新农保实施过程中所遇到的一些筹资方面的实际问题；最后，本书结合新农保中各个出资主体的特征和新农保在筹资过程中遇到的问题，提出一系列合理的建议。

一、新型农村社会养老保险基金主体的出资能力

新农保基金由个人缴费、集体补助、政府补贴三方面共同构成，但由于国家对集体经济的出资标准还没有明确要求，因此本书主要对政府和农民个人的出资能力进行分析。

（一）政府出资能力分析

《指导意见》规定中央财政和地方财政同时对新农保基金进行补贴。政府全额支付新农保基础养老金，其中中央财政对东部地区基础养老金给予50%的补助，对其他地区的基础养老金予以全额补助。地方政府对个人账户的补助不低于每人每年30元；适当鼓励高档次缴费，具体标准和办法由省（自治区、直辖市）人民政府确定。对农村重度残疾人等缴费困难群体，地方政府为其代缴部分或全部最低标准的养老保险费。

可见，政府补贴是新农保基金的重要来源。[1] 本章结合2005—2010年我国财政收入和农村人口等方面的数据，分别分析中央财政和地方财政的出资能力。为了体现我国经济社会发展的区域差异性，本章根据现在统计年鉴上经济区域划分惯用的方法[2]分为东部地区、中部地区、西部地区和东北地区进行分析。表4-1至表4-12运用的数据均来自《中国统计

---

[1] 张海霞. 我国新型农村社会养老保险制度构建——论新型农村社会养老保险政府保费补贴的作用效果 [J]. 经济理论与实践，2012（1）：74-75.

[2] 《中国统计年鉴》上现在惯用的经济区域的划分方法：东部地区——北京市、天津市、河北省、上海市、江苏省、浙江省、福建省、山东省、广东省、海南省；中部地区——山西省、安徽省、江西省、河南省、湖北省、湖南省；西部地区——内蒙古自治区、广西壮族自治区、重庆市、四川省、贵州省、云南省、西藏自治区、陕西省、甘肃省、青海省、宁夏回族自治区、新疆维吾尔自治区；东北地区——辽宁省、吉林省、黑龙江省。

年鉴》。❶

首先，从中央政府的筹资能力来看。

中央财政主要负责对基础养老金进行补贴，其中，补贴标准为东部地区 27.5 元/人，其他地区 55 元/人。农村年满 16 周岁以上的居民均可参加新农保，60 岁以上的公民无须缴费即可直接领取基础养老金。本章为了数据处理的方便，直接将 14—65 岁的乡村人口作为新农保的补贴对象来分析政府的出资能力。表 4-1 为乡村人口中 14—65 岁人口数；表 4-2 为中央财政补贴情况。

表 4-1　14—65 岁乡村人口数　　（单位：万人）

年份	东北乡村人口	东部乡村人口	中部乡村人口	西部乡村人口
2005	3717.28	16039.18	15572.37	16036.70
2006	3738.76	15976.41	15441.03	16158.58
2007	3716.64	15870.16	15310.94	16016.81
2008	3658.99	15767.70	15089.40	15890.76
2009	3681.15	15671.76	14834.60	15773.46
2010	3671.04	15521.22	14793.09	15297.62

表 4-2　中央财政补贴情况　　（单位：亿元）

年份	东北补贴总额	东部补贴总额	中部补贴总额	西部补贴总额	中央财政补贴总额	中央财政收入	财政补贴率（%）
2005	16.80	44.11	85.65	88.20	16548.53	234.76	1.42
2006	16.86	43.94	84.93	88.87	20456.62	234.60	1.15
2007	16.74	43.64	84.21	88.09	27749.16	232.68	0.84
2008	16.50	43.36	82.99	87.40	32680.56	230.25	0.70
2009	16.60	43.10	81.59	86.75	35915.71	228.04	0.63
2010	16.63	42.68	81.36	84.14	42488.47	224.81	0.53

---

❶　新农保政策是将全国分为东、中、西部地区三个区域来制定中央政府和地方政府的补贴标准。政府全额支付新农保基础养老金，其中东部地区的基础养老金由中央财政和地方政府分别支付 50%，其他地区的基础养老金由中央财政予以全额补助。地方政府对个人账户的补助不低于每人每年 30 元。补助标准中，东、中、西部地区的区域划分方式与本章补助能力分析中四大经济区域的划分方式并不矛盾，因为本章先是按照东、中、西部地区的补贴标准计算出每个省（自治区、直辖市）的补贴总额，然后汇总出东北地区、东部地区、中部地区和西部地区的补贴情况。

从中央财政补贴情况来看，中央财政补贴总额占中央财政收入的比例最高时为1.42%。而且由于财政收入的增长，这个比例有逐渐下降的趋势，说明随着我国经济的平稳增长，中央政府是有能力承担新农保的支出的。

其次，从地方政府的筹资能力来看。

地方政府主要负责对个人账户进行补贴，补贴标准为30元/人/年，另外东部地区的地方政府还需补贴基础养老金27.5元/人/月。表4-3到表4-6分别为东北地区、东部地区、中部地区和西部地区的地方财政补贴情况；表4-7为全国的地方财政补贴总体情况。

表4-3　东北地区地方财政补贴情况

年份	乡村人口（万人）	地方财政补贴总额（亿元）	地方财政收入（亿元）	财政补贴率（%）
2005	3717.28	14.79	1200.63	1.23
2006	3738.76	14.92	1449.72	1.03
2007	3716.64	14.85	1843.85	0.81
2008	3658.99	14.60	2357.15	0.62
2009	3681.15	14.69	2719.98	0.54
2010	3671.04	14.58	3362.82	0.43

表4-4　东部地区地方财政补贴情况

年份	乡村人口（万人）	地方财政补贴总额（亿元）	地方财政收入（亿元）	财政补贴率（%）
2005	16039.18	92.23	8955.04	1.03
2006	15976.41	91.86	10844.39	0.85
2007	15870.16	91.25	14052.85	0.65
2008	15767.70	90.66	16729.71	0.54
2009	15671.76	90.11	18786.63	0.48
2010	15521.22	89.25	23005.42	0.39

表4-5 中部地区地方财政补贴情况

年份	乡村人口（万人）	地方财政补贴总额（亿元）	地方财政收入（亿元）	财政补贴率（%）
2005	15572.37	46.72	2263.72	2.06
2006	15441.03	46.32	2950.10	1.57
2007	15310.94	45.93	3590.42	1.28
2008	15089.40	45.27	4403.73	1.03
2009	14834.60	44.50	5039.59	0.88
2010	14793.09	44.38	6371.39	0.70

表4-6 西部地区地方财政补贴情况

年份	乡村人口（万人）	地方财政补贴总额（亿元）	地方财政收入（亿元）	财政补贴率（%）
2005	16036.70	48.11	2464.82	1.95
2006	16158.58	48.48	3059.36	1.58
2007	16016.81	48.05	4085.49	1.18
2008	15890.76	47.67	5159.19	0.92
2009	15773.46	47.32	6056.39	0.78
2010	15297.62	45.89	7873.41	0.58

表4-7 全国地方财政补贴总体情况

年份	地方财政补贴总额（亿元）	地方财政收入（亿元）	财政补贴率（%）
2005	201.85	15100.76	1.34
2006	201.58	18303.58	1.10
2007	200.08	23572.62	0.85
2008	198.21	28649.79	0.69
2009	196.63	32602.59	0.60
2010	194.10	40613.04	0.48

从以上数据分析看，四个经济区域以及全国地方财政补贴率都有逐年下降的趋势，而且最高时也仅为2.06%左右，说明地方财政有能力承担新农保的支出。

（二）个人缴费能力分析

关于农民缴费标准，目前设有每年 100 元、200 元、300 元、400 元、500 元 5 个档次，地方可以根据当地实际情况调整。农民自主选取，多缴多得。但是从目前各地新农保实施状况来看，大部分地区对农民缴费缺乏有效激励，致使很多农民都选择最基本的缴费档次。因此，结合各地经济情况和农民收入情况，假定 2008 年东北地区和中部地区农民人均缴费 110 元，东部地区人均缴费 120 元，西部地区农民人均缴费 100 元，则分别占该年人均纯收入的 2.16%、2.47%、1.82% 和 2.84%；全国农民 2008 年人均缴费 110 元，则占该年人均纯收入的 2%。其他各年也按此比例缴费，以此来测算农民的人均剩余，即农民人均纯收入减去人均消费支出和新农保支出后的剩余。2005—2010 年各地区农民交费能力分析见表 4 - 8 ~ 4 - 12。

表 4 - 8　东北地区农民缴费能力分析　　　　　　（单位：元）

年份	农民每年人均纯收入	农民每年人均消费支出	农民每年人均新农保支出	新农保支出比率（%）	农民人均剩余
2005	3378.98	2557.30	72.86	2.16	748.81
2006	3744.88	2781.14	80.75	2.16	882.99
2007	4348.27	3180.26	93.76	2.16	1074.24
2008	5101.18	3720.30	110.00	2.16	1270.88
2009	5456.59	4148.30	117.66	2.16	1190.63
2010	6434.50	4352.06	138.75	2.16	1943.69

表 4 - 9　东部地区农民缴费能力分析　　　　　　（单位：元）

年份	农民每年人均纯收入	农民每年人均消费支出	农民每年人均新农保支出	新农保支出比率（%）	农民人均剩余
2005	4720.28	3408.97	85.85	1.82	1225.47
2006	5188.23	3806.23	94.36	1.82	1287.65
2007	5854.98	4280.96	106.48	1.82	1467.54
2008	6598.24	4802.15	120.00	1.82	1676.09
2009	7155.53	5148.62	130.14	1.82	1876.77
2010	8142.81	5735.39	148.09	1.82	2259.32

表4－10　中部地区农民缴费能力分析　（单位：元）

年份	农民每年人均纯收入	农民每年人均消费支出	农民每年人均新农保支出	新农保支出比率（％）	农民人均剩余
2005	2956.60	2276.90	73.03	2.47	606.67
2006	3283.16	2559.88	81.10	2.47	642.19
2007	3844.37	2937.55	94.96	2.47	811.87
2008	4453.38	3375.55	110.00	2.47	967.83
2009	4792.75	3622.00	118.38	2.47	1052.37
2010	5509.62	3957.42	136.09	2.47	1416.11

表4－11　西部地区农民缴费能力分析　（单位：元）

年份	农民每年人均纯收入	农民每年人均消费支出	农民每年人均新农保支出	新农保支出比率（％）	农民人均剩余
2005	2378.91	2022.88	67.63	2.84	288.40
2006	2588.37	2192.08	73.58	2.84	322.71
2007	3028.38	2526.87	86.09	2.84	415.42
2008	3517.75	2867.14	100.00	2.84	550.61
2009	3816.47	3238.69	108.49	2.84	469.29
2010	4417.94	3537.48	125.59	2.84	754.88

表4－12　全国范围农民缴费能力分析　（单位：元）

年份	农民每年人均纯收入	农民每年人均消费支出	农民每年人均新农保支出	新农保支出比率（％）	农民人均剩余
2005	3254.93	2555.40	75.21	2	624.33
2006	3587.04	2829.02	82.88	2	675.14
2007	4140.36	3223.85	95.67	2	820.84
2008	4760.62	3660.68	110.00	2	989.94
2009	5153.17	3993.45	119.07	2	1040.65
2010	5919.01	4381.82	136.77	2	1400.42

　　由以上数据分析可以看出，各地区以及全国范围，农民人均纯收入用于消费支出和新农保支出后仍有剩余，且剩余呈逐年增长的趋势，说明随着经济增长和农民收入增加，农民有能力承担新农保的支出。

二、新型农村社会养老保险基金筹资面临的问题

从财政收入和农民收入的角度来看，政府和农民是有能力承担新农保支出的。但是，在新农保的实施过程中，仍然存在一些筹资方面的问题。最突出的体现在两个方面：一是集体补助的缺位；二是农民参保意愿不高。

（一）集体补助的缺位

新农保的基金由国家、集体、个人三方面出资构成。按照法律规定，乡村集体经济属于乡、村社区内的全体农民所有，乡、村的有关机构（乡镇政府、村委会）作为集体资产的代理人行使财产权利，管理集体财产，但所有者依然是社区内的所有农民。农村集体资产除了作为农业生产资料外，同时还是广大农民社会保障的物质基础，农村集体经济组织及其资产与农村社区成员具有社会保障关系，理应对农民参加新农保予以相应补助。集体补助的投入对于新农保的持续发展具有重要意义：首先，集体经济作为农民的集体财产，有责任和义务去承担对农民的社会保障。其次，集体补助作为新农保基金的构成之一，它的有效供给有利于提高农民投保的积极性，推进新农保的持续进行。最后，集体经济为保障农村居民老年生活做出的重要贡献有助于提升农村发展集体经济的热情，从而促进集体经济的发展，这样的良性互动将带来农村经济社会的进步和新农保的可持续发展。

然而，在新农保实施过程中，部分地区存在集体补助缺位现象，一定程度上影响了农民的参保意愿，影响了新农保的持续发展。很多农村集体经济的利润除了年终分红以外，大部分都用于自身营运当中，很多农村都没有集体补助，或者补助金额很低。集体补助缺失主要原因有：首先，某些地方的集体经济严重虚化，没有投入的能力。有些集体经济组织已经名存实亡，其经济功能不断萎缩。尤其在经济不发达地区，集体经济缺乏为农民提供养老资金支持的能力，地方集体经济落后，使新农保在集体补助方面无法落实到位。其次，部分地区对新农保政策认识不够。有些地方对国家政策认识不深，没有充分学习国家颁发的指导意见，服务社会观念薄弱，从而导致集体补助缺失，阻碍了新农保制度的推行。最后，法律没有明确提出集体应承担出资的责任。国家只是规定新农保筹集方式由国家补贴、集体补助、个人缴费三方面构成，并没有在法律上确定集体的出资义

务，使某些集体没有很好地落实国家政策，对新农保的持续发展带来负面影响。

（二）农民参保意愿不高

由前文分析可知，农民是有能力承担参加新农保的基本支出的。但是由于经济发展不平衡，一些地区部分农户年收入本来就偏低，再加上养老、看病、供子女读书等花费，农户无力参与新农保。部分农户缴费能力低，成为影响农民参保意愿的一个重要因素。

传统的家庭养老观念和新农保激励措施欠缺是影响农民参保意愿的另外两个重要因素。传统家庭养老的观念还比较根深蒂固，致使很多人对新农保的热情不高。❶另外，政府在设置投保档次时采取的激励措施不够，致使很多农民都选择最低投保档次。这些因素导致了新农保的覆盖面和参保率偏低。

三、新型农村社会养老保险基金筹资风险的应对措施

从以上分析可以看出，政府与农民个人有能力承担新农保的支出。但是新农保基金筹集依然面临一定风险，主要因为筹资过程中存在政府补助力度不够、集体补贴缺失、农民参保意愿不高等问题。应对新农保基金的筹资风险，可以从以下几个方面采取措施。

（一）各级政府逐步加大对新农保基金的财政投入

在新农保最低补贴不变的情况下，2012 年基本实现全面覆盖后，参保人数和领取养老保险人数显著增长，各级政府必须逐步加大对新农保的财政预算，及时调整相关政策，以确保新农保政策的可持续发展。省级政府应当为政策规定的经济条件较好的地方政府灵活支出部分制定具体的标准，并对其补助方式和比例加以规范，以确保该政策能够真正落实到位。

（二）以法律的形式明确集体经济补助标准

集体经济应该拿出一部分资金来为新农保提供实质性支持。国家可颁布一些优惠政策，促进集体经济的发展，鼓励集体企业积极参与新农保，并以法律的形式明确集体经济的权利和义务，建立一个集体经济参与新农

---

❶ 惠恩才. 加强农村养老保险基金管理与风险控制的建议［J］. 经济研究参考，2011（54）：28 – 29.

保的政策性纲领。

（三）增加农户收入，提升农民参保能力

提高农民参保意愿的最根本方法就是提高农户收入，增强农户自身的缴费能力。农户家庭的纯收入越高，农户参保的意愿越强，愿意参保的农户选择的个人缴费档次也越高。因此，只有继续深化惠农政策，引导农民进行规模化经营，才能提高农户的经济收入和缴费能力，提高其参保的层次和水平。另外，还要在设置缴费档次时，考虑到相应的激励措施，鼓励农民选择较高参保档次。

此外，还要加大新农保宣传力度，促进农民传统养老观念的更新。新农保关系到村民的切身利益，是解决农村养老问题的根本途径。而一种制度的确立必须得到民众的认同，否则就难以长久。家庭养老的观念根深蒂固，使人们对社会养老方式观念还缺乏认知。随着社会的发展，我们应该越来越重视社会养老制度的重要性，新农保是一项解决农村养老问题的有效政策。加深广大农民对新农保的了解与认知，需要加大宣传力度。通过各种有效方式，广泛地宣传新农保制度的意义，讲清形势、算清经济账，提高认识，并使国家的各项支农惠农政策真正落实到农民身上，才能使广大农民接受和认可新农保。

第二节　新型农村社会养老保险基金运营风险

运营风险指新农保基金在运营过程中所面临的各种不确定的因素可能导致的损失，主要包括市场风险、通胀风险、运营机制风险和运营主体风险等。

一、新型农村社会养老保险基金的市场风险

市场风险指因商品价格、股票价格、利率、汇率等的变动而导致价值未预料到的潜在损失的风险。因此，市场风险包括权益风险、汇率风险、利率风险以及商品风险。所有投资者都会面临市场风险，而且面临高风险的投资产品往往也最可能带来高的收益。因此投资者必须根据自己所能承受风险的程度和自己所掌握的市场信息选择合适的资产组合。为实现新农保基金保值增值而进行投资运营，同样面临着市场风险，而且由于新农保在安全性方面的要求要更高一些，因此在新农保的运营过程中更要注意对

风险进行防范，具体做法就是扩充新农保基金的投资渠道，选择一些优质投资产品或投资项目，并建立完整完善的市场信息反馈机制，这些内容将在下一章中具体介绍。

二、新型农村社会养老保险基金的通胀风险

新农保基金的通胀风险指的是新农保基金面临的由于物价上涨而可能遭受的损失。构建新农保制度的目的在于保障农村居民年老后的基本生活需求。如果养老保险金由于受到物价上涨等因素的影响而出现贬值，将无法保障农村老年人的基本生活，从而失去养老保险金本身的意义，给农村社会的稳定与发展带来严重的负面影响。本章将通过对已有研究和近年来新农保发展的历史资料的总结，分析目前新农保基金面临的通胀风险。目前我国农村社会养老保险基金的投资途径主要是银行存款和购买国债，本章通过比较分析国债收益率、银行存款利率和通货膨胀率来说明这个问题。表 4 - 13 的数据来自于《中国统计年鉴》。

表 4 - 13　我国历年银行存款收益率（年末）

年份	农村 CPI 上涨率（%）	三年期银行存款利率（%）	三年期银行存款实际利率（%）	五年期银行存款利率（%）	五年期银行存款实际利率（%）
2000	- 0.10	2.70	2.80	2.88	2.98
2001	0.80	2.70	1.90	2.88	2.08
2002	- 0.40	2.52	2.92	2.79	3.19
2003	1.60	2.52	0.92	2.79	1.19
2004	4.80	3.24	- 1.56	3.60	- 1.20
2005	2.20	3.24	1.04	3.60	1.40
2006	1.50	3.69	2.19	4.14	2.64
2007	5.40	5.40	0.00	5.85	0.45
2008	6.50	3.33	- 3.17	3.60	- 2.90
2009	- 0.30	3.33	3.63	3.60	3.90
2010	3.60	4.15	0.55	4.55	0.95

从存入银行看保值增值：如表 4 - 13 所示，从 2000—2010 年银行存款利率与农村居民消费价格指数上涨率相对比，可以看出基金在银行的保

值增值情况。首先看三年期银行存款利率与农村居民消费价格指数上涨率的比较，三年期银行存款利率在这 11 年中有 9 年都比农村 CPI 上涨率高或持平。五年期银行存款利率有 8 年比农村居民消费价格指数上涨率高。反映在银行存款实际利率上面，三年期银行存款实际利率有 2 年为负，说明新农保运作有 3 年处于亏损状态；五年期银行存款实际利率有 2 年为负，说明新农保运作有 2 年处于亏损状态。在其余年份，三年期和五年期银行存款利率多在 3% 以下。另外，由于国债收益率一般来讲只是略高于银行存款利率，说明新农保投资于银行存款和国债只能勉强实现保值，很难实现增值。因此可以看出，我国新农保基金是面临通胀风险的。

三、新型农村社会养老保险基金的运营机制风险

新农保基金的运营机制风险，主要指新农保的有关规定或机制设置给其有效运营带来的阻碍。从目前新农保的实施情况来看，影响新农保运营效率的机制阻碍主要体现在两个方面：一是统筹机制，即统筹层次偏低，不利于新农保的统筹管理和规模化运营；二是投资渠道限制，即将新农保的投资渠道几乎限定在银行存款与国债上，不利于优化投资组合，发挥多样化投资效应。❶

（一）统筹层次偏低

在国外，基本社会保障大多数实行的是全国统筹，统一标准。在我国，由于围绕新农保的各项机制还不完善，目前实行的是县市级范围的地方社会统筹，省级统筹和全国统筹还有待完善，这样就造成了我国新农保基金管理社会化程度不高，基金调剂能力不强，资金管理较为分散，从而使得新农保基金的共济性受到一定的制约，难以在较大范围内实现分散风险的功能，也不利于很好地体现社会公平。低水平的统筹层次存在养老保险基金分割管理，导致规模较小，缺乏互助性，不能有效发挥调剂作用，而且严重影响到养老金的规模运作，而且存在养老金流失的巨大风险等弊端。

（二）投资渠道限定

政府对社会保险基金的投资采取严厉的限制，规定我国农村社会养老

---

❶ 武萍．社会养老保险基金运行风险管理存在的问题及对策［J］．中国行政管理，2012（3）：57 - 60.

保险基金的投资途径主要是银行存款和购买国债，就连购买国债政策上也没有明确允许在二级市场上投资运作，只能持有到期。银行存款与国债的收益率，虽然是无风险收益率，但往往只是最基本的收益率，市场上往往存在一些优质投资产品的收益率要远远大于这个基本收益率的现象，即便是市场组合的收益率也往往会大于这个基本收益率，因此将新农保的投资渠道限定在银行存款与国债上不利于投资管理者根据市场信息，选择优质投资产品，提高新农保的运营效率。

四、新型农村社会养老保险基金的运营主体风险

运营主体风险主要指因为道德缺失或者是能力的不足而给新农保基金运营带来的损失。

（一）主体道德风险

主体道德风险指由于各级机构庞大而分散，缺乏有效监督，导致有关管理部门效率低下，甚至出现利用新农保基金为自己谋取利益的行为。我国目前对于农村养老金的信息披露还不到位，缺乏有效的监督机制，这些都会严重危及养老基金的运作安全。

（二）主体能力风险

目前以县为单位组织基金投资运营，基层工作人员往往文化层次偏低，专业素质不高，没有基金运作的经验，金融和投资理论知识极其薄弱，缺乏控制风险的能力，这样使得养老保险基金的风险不易控制。

总之，合理控制新农保运营风险的方法就是要扩充投资渠道，并根据市场信息，选择优质的投资产品或项目，尤其是一些创新型的投资项目，并建立完整的投资运营管理体系，对整个运营过程实施有效监控❶，具体方法与内容将在下一章中介绍。

五、小结

本章以描述统计和定性分析为主，对新农保基金的筹资风险和运营风险进行分析。分别从新农保基金筹资主体筹资能力、新农保基金筹资现状来分析新农保基金的筹资风险，并提出控制筹资风险的相应措施；对于新农保基金的运营风险，分别从市场风险、通胀风险、运营机制风险和运营

---

❶　吕学静. 社会保障基金管理［M］. 北京：首都经济贸易大学出版社，2007.

主体风险等方面进行分析。从分析的结果来看，随着我国经济的平稳较快增长，财政收入与农民个人收入稳步增加，中央财政、地方财政和农民个人是有能力支撑新农保政策的实施的。然而，在新农保的具体实施过程中又存在一些影响新农保政策持续发展的因素，如地方经济发展不平衡，集体经济补助缺失，激励农民缴费的措施不够，新农保基金管理不当，统筹层次偏低，新农保基金的调剂功能受限，尤其是基金缺乏有效运作等。

案例：广东省五华县河东镇农民参与城乡居民养老保险及政策可持续调研[❶]

一、调研背景

农民作为参与城乡居民养老保险的主体，其参保意愿能否具有长期可持续性，决定了这项重大惠民政策能否真正地惠及广大农民。本次调研从农民参保意愿的角度出发，剖析了农民参与城乡居民养老保险可持续性的影响因素，并分别分析已参保农民和未参保农民这两类群体参保意愿可持续性的影响因素之间的差异，从而提出有针对性的建议。具体来说，本研究以个体、家庭因素和养老偏好作为控制变量，着重分析了农民对养老保险政策的了解度、满意度和期望度对其参保意愿的可持续性的影响作用与机理。由此，本研究将研究问题主要分为以下四个方面：

1. 目前农民的参保现状如何？

2. 未来已参保农民参保意愿的可持续性如何？而目前未参保农民有什么打算和想法？

3. 影响农民参保意愿可持续性的因素有哪些呢？这些因素在已参保和未参保农民两大类群体之间有无差异？

4. 这些因素是如何影响到两类群体的参保意愿的可持续性的？其作用机理如何？

在研究方法上，现有研究更多的是以农民参保与不参保这样的二元指标测量农民的参保意愿，这无法体现农民参保意愿的层次性。本研究根据李克特量表法将农民参保意愿程度分为 5 个等级，包括非常愿意、比较愿

---

❶ 本案例是杨小红、孙欣、陈壮艳、陈超仪共同调研的成果。

意、一般、比较不愿意和非常不愿意。

在研究内容上，现有研究主要是总体上分析农民参加新农保意愿的影响因素，对其参保意愿可持续性的分析较少。本研究分别对已参保和未参保农民这两类群体参保意愿的可持续性进行分析。

二、调研区域及调研设计

（一）调研区域

1. 调研区域概况

五华县是广东省重点扶贫县、原国家级重点扶贫县之一。2014 年年末，全县总人口为 136. 3 万人，其中，农业人口 118 万人，占比 86. 57%，城镇化率远低于全国水平 54. 77%。2014 年，五华县财政收入 4. 31 亿元，农民年人均收入 9387 元。全县参加城乡居民养老保险的人数 45 万人，仅占农村人口的 38. 13%。作为农业人口占八成多的贫困地区，五华县城乡居民养老保险问题非常严峻、财政实力薄弱、财政补贴支持力度小、农民参保能力不足、参保意愿不强等问题尤为突出。

本研究选取五华县河东镇作为研究地区，具有较好的典型性和代表性。河东镇地处五华县城东部，总面积 229 平方公里。辖 43 个村委会、545 个村民小组和 3 个居委会。2013 年，全镇总人口为 13. 2 万人，其中农业人口 11. 9 万人，占总人口的 90. 11%。

2. 调研区域城乡居民养老保险政策内容

（1）个人缴费

由于是贫困地区，河东镇缴费标准设为每人每月 10 元、20 元、30 元、40 元、50 元、80 元、100 元、150 元、200 元、300 元 10 个档次，由参保人自行选择其中 1 个档次缴费。在同一个缴费年度内只能选择 1 个缴费标准。

（2）政府补贴

各级财政对参保人缴费给予补贴，补贴标准为每人每年 30 元，由省、市、县（市、区）财政各补贴 10 元。

（3）养老保险待遇

养老金待遇由基础养老金和个人账户养老金组成。2014 年 7 月起，五华县的基础养老金标准每人每月由 65 元提升至为 80 元。各缴费档次下的养老金待遇水平如表 1 所示。

表1 养老金待遇水平 （单位：元）

档次	缴费标准		逐缴年龄为60周岁时				
	月缴费额	年缴费额	逐缴15年	基础养老金（65元/月）			每月养老金合计
				国家	省级	市县	
一档	10	120	1800	27.5	26.25	13.125	92.95
二档	20	240	3600	27.5	26.25	13.125	105.90
三档	30	360	5400	27.5	26.25	13.125	118.85
四档	40	480	7200	27.5	26.25	13.125	131.80
五档	50	600	9000	27.5	26.25	13.125	144.75
六档	80	960	14400	27.5	26.25	13.125	183.60
七档	100	1200	—	27.5	26.25	13.125	209.50
八档	150	1800	—	27.5	26.25	13.125	274.24
九档	200	2400	—	27.5	26.25	13.125	338.99
十档	300	3600	—	27.5	26.25	13.125	468.49

数据来源：于五华县人力资源和社会保障局网站。

（二）调研设计

1. 调研内容

根据《梅州市人民政府关于印发梅州市城乡居民社会养老保险实施办法的通知》等现行政策文件和已有研究成果，课题组设计了调查问卷，包括个人和家庭基本信息；农民参保意愿；对养老保险政策的了解度、满意度和期望度以及不同养老方式选择偏好等内容。

2. 调研地点、对象和方法

我们对五华县河东镇林石村、联岭村、桂岭村、平西村、黄坑村、桂田村、黄泥寨村、枫林村、罗塘村和再坑村共10个村的村民展开调查。课题组以16周岁以上农村常住居民为对象，在各村委会的协助下，采用"一对一"入户访谈的方式进行调查。

3. 实施情况

实际发放问卷500份，每个村各50份。2013年这10个村的农村户籍人口数是18949人，按照77.39%❶的比例测算各村的15岁以上人口数。

---

❶ 根据2010年第六次人口普查结果，五华县15岁以上人口比重是73.64%，比2000年的61.48%上升了12.16个百分点。按照2010年对比2000年的增速测算，2013年15岁以上人口比重约为77.39%。

从整体上来看，各村的抽样比达到了 3.41%，各村的抽样比见表 2。

表 2　各村抽样比

村名	农村户籍人口 （人）	15 岁以上人口数 （人）	抽样比 （%）
桂田村	1781	1379	3.63
枫林村	1225	948	5.27
平西村	4063	3144	1.59
黄坑村	2822	2184	2.29
黄泥寨村	1118	865	5.78
桂岭村	1393	1078	4.64
联岭村	2991	2315	2.16
罗塘村	1071	828	6.04
林石村	1554	1203	4.16
再坑村	930	720	6.95
总数	18949	14665	3.41

注：由于数据的可得性问题，论文基于 15 岁以上人口数测算抽样比。但实际调研对象是 16 岁以上农村居民。

在回收问卷数据整理过程中，我们发现：由于调查对象中老年人口较多、受教育程度普遍偏低，回收的原始问卷中存在填涂不清晰、不符合答卷要求和前后逻辑差错等问题，因此对此类问卷和误填、漏填题项超过 20% 的问卷予以剔除，最终得到符合研究需要和质量要求的有效问卷 462 份，问卷有效回收率为 92.4%，各村的调查问卷量如表 2 所示。然后，我们应用 SPSS19.0 软件对数据进行了录入与分析。

三、河东镇农民参与城乡居民养老保险现状

（一）调查对象基本特征

调查对象以中老年为主，学历主要为初中及以下水平，家庭人口规模较大，年收入水平整体不高，经济状况较差。具体数值见表 3。

表3　农民的人口特征情况

		频次（人）	百分比（%）
性别	男	251	54.3
	女	211	45.7
婚姻状况	未婚	92	19.9
	已婚	369	78.9
年龄	16—25 岁	81	17.5
	26—36 岁	55	11.9
	37—47 岁	99	21.4
	48—59 岁	102	22.1
	60 岁以上	125	27.1
教育程度	小学及以下	116	25.0
	初中	247	53.5
	高中或中专	60	13.0
	大专及以上	39	8.5
家里老人数	0	55	11.9
	1	122	26.4
	2	199	43.1
	3	44	9.5
	4 个及以上	42	9.1
孩子数量	0	69	14.9
	1	57	12.3
	2	104	22.5
	3	128	27.7
	4 个及以上	104	22.5
就业情况	本乡镇内就业	199	43.1
	本乡镇内本县外就业	74	16.0
	本县外就业	152	32.9
	退休	37	8.0

续表

		频次（人）	百分比（%）
收入来源	务农收入	118	25.5
	务工收入	277	60.0
	个体经营收入	49	10.6
	转移性收入	18	3.9
年收入	2000 元及以下	55	11.9
	2001—4000 元	53	11.5
	4001—6000 元	261	56.0
	6001—8000 元	65	14.1
	8000 元以上	28	6.1

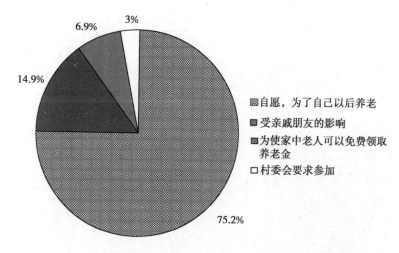

图1　农民愿意参加城乡居民养老保险的主要因素比例图

（二）调查对象参保意愿现状

在五华县河东镇调查对象中，有153人参加城乡居民养老保险，参保率仅达到33.1%，参保状况较差。调查发现，75.2%的农民在被问及"您愿意参加城乡居民养老保险考虑的主要因素是什么"时，给出了"自愿，为了自己以后养老"的回答；14.9%的农民认为是受亲戚朋友的影响；6.9%的农民认为是为使家中老人可以免费领取养老金；只有3%的农民选择了"村委会要求参加"因素。这也说明在五华县河东镇，是否参与城乡居民养老保险更多的是取决于农民自身的参保意愿，而不像全国大部分地方政府大搞实施诱致性参保的"政绩工程"。

同时，项目也对不想参加城乡居民养老保险的农民展开了进一步的调查。当被问及"您不想参加城乡居民养老保险考虑的主要因素是什么"时，超过1/3（36%）的人是"由于生活困难，不能支付最低参保金额"，而在其他几个因素中，认为"养老金太少，作用不大"的占到24.3%，排在第一位；认为"对政策不信任，担心政策变化"的占比14.7%；认为"不知道这个政策"的占比15%。此外，认为"现在还年轻，还没有考虑过这个问题"的比例有8.2%。可见，有1/3农民认为城乡居民养老保险当前的缴费水平超过了其可承受经济范围。对于有经济能力但仍不想参保的农民，认为"养老金太少，作用不大"是主要因素，说明农民对城乡居民养老保险的待遇水平期望值不高，这也反映了城乡居民养老保险政策激励性不大。

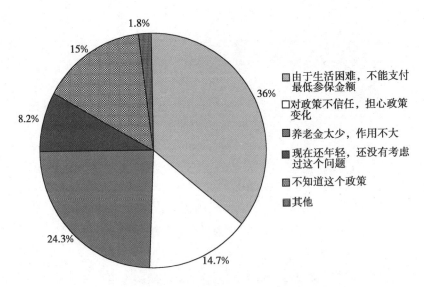

图2 农民不愿意参加城乡居民养老保险的主要因素比例图

（三）农民对城乡居民养老保险的了解度、满意度和期望度现状

根据现有文献，本课题组将一级变量了解度、满意度和期望度分别分解为业务流程、缴费水平、养老金待遇、经办管理服务、政策本身、养老

金到账情况，政策稳定性、预期经济能力、预期保障9个二级变量，然后继续分解为20个三级变量，如表4所示。

运用李克特五级量表对农民进行调查，每一题项有"完全同意""比较同意""介于同意和不同意之间""比较不同意""非常不同意"5种回答，分别记为5、4、3、2、1，然后对受访者的各三级变量对应的题项的分数加总，得到二级变量和一级变量的总分。

表4　了解度、满意度和期望度的变量

一级变量	二级变量	三级变量
了解度	业务流程	参保程序
		缴费方式
		发放方式
		计发办法
	缴费水平	缴费档次
		政府补贴额
	养老金待遇	基础养老金
		各缴费档次可以领取的养老金
满意度	经办管理服务	村委宣传工作
		经办机构服务态度
		经办机构业务流程
	政策本身	缴费水平
		待遇水平
	养老金到账情况	养老金到账及时率
		养老金到账足额率
期望度	政策稳定性	政策持续时限
		运作安全
		保值增值
	预期经济能力	预期经济能力承受度
	预期保障	预期养老金保障能力

1. 农民对城乡居民养老保险的了解度现状

针对农民对城乡居民养老保险政策的了解度，本研究从业务流程、缴费情况、养老金待遇 3 个维度展开设计问卷。具体题项如表 5 所示。

表5　了解度题项设计

变量	题项
业务流程	1、4、6、7
缴费情况	2、3、5、8、11
养老金待遇	9、10

注：题项具体内容见附件调查问卷第三部分。

从表 6 中可知，了解度的平均值是 29.13 分（总分：55 分），表明农民对城乡居民养老保险政策的总体了解度偏低。其中，对业务流程的了解度明显偏低，平均得分仅 9.51 分（总分：20 分），反映了农民对政策文件、参保程序、发放方法和计发办法的了解比较少，这一点在"您不想参加城乡居民养老保险考虑的主要因素是什么"问题上也有所体现，15% 的农民选择是因为不知道这个政策。可见，当地政府和村委会并没有积极宣传养老保险政策。

表6　农民对城乡居民养老保险政策的了解度得分情况

变量	观测值数	平均值	标准差	最小值	最大值
了解度	462	29.13	6.63	15	44
业务流程	462	9.51	2.48	4	15
缴费情况	462	13.71	3.29	6	20
养老金待遇	462	5.91	1.60	4	10

2. 农民对城乡居民养老保险的满意度现状

针对农民对城乡居民养老保险制度的满意度，本研究从经办管理服务、政策本身、养老金到账 3 个维度展开问卷调查。具体题项如表 7 所示。

表7　满意度题项设计

变量	题项
经办管理服务	1、2、3、4、5、8、9
政策本身	6、7、12
养老金到账情况	10、11

注：题项具体内容见附件调查问卷第四部分。

满意度的均值是 25.46 分（总分：60 分），表明农民对城乡居民养老保险的满意度一般，处在比较满意和不太满意之间。其中，农民对经办管理服务的满意度相对较高，均值 17.92 分；但是对于政策本身则持比较不满意态度，均值 4.87 分，一是认为当前的缴费水平超过了其经济承受范围；二是认为目前领取的养老金对解决其基本生活上作用并不大。

表8　农民对城乡居民养老保险的满意度得分情况

变量	观测值数	平均值	标准差	最小值	最大值
满意度	462	25.46	9.20	10	50
经办管理服务	462	17.92	4.90	8	28
政策本身	462	4.87	2.46	2	12
养老金到账情况	462	2.59	3.56	2	10

3. 农民对城乡居民养老保险的期望度现状

针对农民对城乡居民养老保险的期望度，本研究从政策稳定性、预期经济承受力和预期保障 3 个维度展开设计问卷。具体题项如表 9 所示。

表9　期望度题项设计

变量	题项
政策稳定性	1、4、5、6
预期经济承受力	3
预期保障	2

注：题项具体内容见附件调查问卷第五部分。

由表 10 可知，期望度的均值是 15.27 分（总分：30 分），表明农民对城乡居民养老保险的期望度比较差。在期望度方面，农民对政策的稳定性持较高的肯定态度，均值 15.13 分（总分：20 分），认为持续时限较长，基金运作安全，可以实现保值增值，但是对预期经济承受力和预期保障的态度并不乐观。

表 10　农民对城乡居民养老保险的期望度得分

变量	观测值数	平均值	标准差	最小值	最大值
期望度	462	15.27	4.81	6	25
政策稳定性	462	15.13	5.81	4	17
预期经济承受力	462	2.31	0.97	1	4
预期保障	462	2.34	0.94	1	4

（四）农民参保意愿的可持续性现状

项目对已参加城乡居民养老保险的参与意愿可持续性进行了调查。当被问及"您明年是否愿意继续参加城乡居民养老保险"时，其中表示明年非常愿意和比较愿意继续参加的已参保农民分别占 20.2%、35.3%，而选择非常不愿意和不太愿意的被调查对象占比为 16.27%。另外，还有 28.23% 的参保农民处于观望态度，对于明年是否参与养老保险说不清楚。

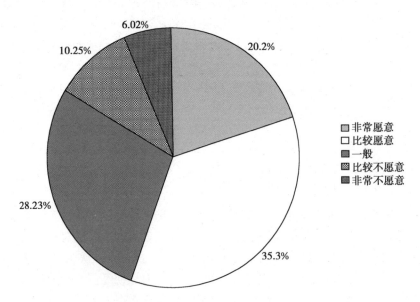

图 3　已参保农民明年继续参保意愿的比例图

同时，项目也对未参保的农民展开了调查，大多数农民都持观望态度（41.23%），只有 28.5% 的比例表示非常愿意和比较愿意会参加。结合近一年来河东镇的农保退保率达5%，说明落后地区农民的参保意愿低已成为城乡居民养老保险可持续发展的主要阻碍因素，未来的一段时间如何提高落后地区农民的参保意愿将成为一个新的挑战。

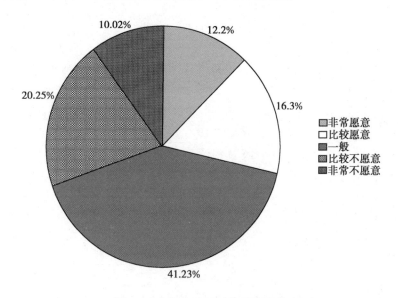

图4 未参保农民以后参保意愿的比例图

四、农民参保意愿可持续性的因素分析

（一）变量与模型选择

农民的参保意愿为离散变量，分析二值离散变量选择问题比较适合的模型是采用 Logit、Probit 及 Tobit 模型。但反映农民参保意愿的离散数值数是大于两类且是有序的，因此，我们选择了有序 Probit 模型（Ordered Probit）。本次调研以个体因素、家庭因素和养老偏好作为控制变量，着重分析农民对城乡居民养老保险政策认知、满意度和期望度对其参与意愿可持续性的影响作用与机理。变量设计与定义见表11。

表 11　变量设计与定义

类型	变量		变量定义
被解释变量	参保意愿可持续性	已参保农民明年继续参保意愿	1 = 非常愿意；2 = 比较愿意；3 = 一般；4 = 比较不愿意；5 = 非常不愿意
		未参保农民以后参保意愿	
解释变量	个体因素	年龄	1 = 16—25 岁；2 = 26—36 岁；3 = 37—47 岁；4 = 48—59 岁；5 = 60 岁及以上
		教育程度	1 = 小学及以下；2 = 初中；3 = 高中或中专；4 = 大专及以上
	家庭因素	家里老人数	1 = 0；2 = 1；3 = 2；4 = 3；5 = 4
		家里小孩数	1 = 0；2 = 1；3 = 2；4 = 3；5 = 4
		土地面积	—
		家庭年收入	1 = 2000 元及以下；2 = 2001—4000 元；3 = 4001—6000 元；4 = 6001—8000 元；5 = 8000 元以上
	城乡居民养老保险了解度	了解度总得分	—
	城乡居民养老保险满意度	满意度总得分	—
	城乡居民养老保险期望度	期望度总得分	—
	养老偏好	对"养儿防老"的看法	1 = 非常赞同；2 = 比较赞同；3 = 一般；4 = 比较不赞同；5 = 非常不赞同

（二）计量模型的估计结果与解释

1. 已参保农民参保意愿可持续性的影响因素估计结果

根据前文所述估计方法，我们对影响已参保农民参保意愿可持续性的因素进行了有序 Probit 模型估计。为了全面分析农民群体参保意愿影响因素的估计结果，验证回归结果的稳健性，本次调研采用逐步回归的方法来控制自变量的作用范围，回归结果见表 12。

表 12　已参保农民参保意愿可持续性的影响因素估计结果

自变量	模型一	模型二	模型三
年龄	0.015 *** (0.0050)	0.0146 *** (0.0053)	0.0094 * (0.0052)

续表

自变量	模型一	模型二	模型三
教育程度	− 0. 1746 *** (0. 0535)	− 0. 1880 *** (0. 0578)	− 0. 1471 ** (0. 0577)
家里老人数	—	0. 0380 * (0. 0226)	0. 2296 (0. 1572)
土地面积	—	− 0. 0029 (0. 5672)	− 0. 0181 (0. 3567)
家里小孩数	—	− 0. 0156 (0. 1556)	0. 0221 (0. 0413)
家庭年收入	—	0. 0020 (0. 3230)	0. 001 (0. 125)
了解度	—	—	− 0. 0092 (0. 1263)
满意度	—	—	0. 9866 ** (0. 1263)
期望度	—	—	0. 2682 * (0. 1369)
养老偏好	—	—	0. 5331 *** (0. 017)
Logpseudolilihod	− 429. 64	− 294. 34	− 342. 87
Wald chi2	Wald chi2 (2) = 20. 22	Wald chi2 (6) = 38. 56	Wald chi2 (10) = 126. 70
Prob > chi2	0. 0011	0. 0001	0. 0000
Pseudo R2	0. 0124	0. 0252	0. 0918
观测值数	152	152	152

注: 1. *** 、 ** 、 * 分别代表1% 、5% 、10% 的显著性水平; 2. 括号内为异方差稳健标准误; 3. 多重共线性检验结果（vif 值未列出）显示所有解释变量的相关系数都低于共线性存在的门槛值0. 7（Lind et al. , 2002）。

首先，将年龄、学历作为个人情况变量纳入分析模型，样本的估计结果显示，年龄和学历两个变量均通过了0. 01 水平上的显著性检验，系数分别为正和负。其次，我们将家里老人数、家里小孩数、土地面积和家庭年收入作为家庭状况指标纳入分析模型，样本的估计结果显示，家里老人数对参保意愿具有显著正向影响。最后，我们将对城乡居民养老保险的了解度、满意度、期望度以及养老偏好作为政策认知变量纳入分析模型。总体样本估计结果显示，对城乡居民养老保险的满意度、期望度和养老偏好这 3 个变量是显著为正的。

2. 已参保农民参保意愿可持续性的影响因素估计

（1）个人情况变量对参保意愿可持续性影响效应

个人情况变量中，对总体样本参保意愿具有显著影响效应的是年龄和教育程度。引起年龄对参保意愿具有正向影响的原因可能有以下两个：一是缴费满 15 年即可领取养老金的规定引起了"年龄陷阱"问题，在此规定下，农民可能更愿意选择在接近 45 岁时再选择参保，而个人账户较低的补贴又会进一步加剧"年龄陷阱"的效应，这会造成年龄低于 45 岁的农民参保意愿不强；二是农民对于养老问题的关注度可能随着年龄的增长而增加，同时年龄越高的人由于外出打工机会较少等原因流动性相对较差，改变自身生活状态的可能性较低，因此比较愿意参保。

教育程度的回归系数是负的，即学历越高的农民更不愿意参加城乡居民养老保险。这主要是由于部分大专及以上文化水平的人虽然户口在农村，但大多在城镇或城郊工作，与待遇较低的城乡居民养老保险制度相比，他们更愿意参加待遇较高的城镇职工养老保险。

（2）家庭状况变量对参保意愿可持续性影响效应

家庭状况变量中，对样本参保意愿具有显著影响的是家庭老人数。家庭老人数的系数显著为正，我们认为这可能是由于老人数多的家庭对于养老问题存在更清楚的认识与感受，因此更倾向于通过社会保险解决自身的养老，从而减轻家庭养老对其他家庭成员造成的负担。

（3）政策认知变量对参保意愿可持续性影响效应

政策认知变量中，满意度和期望度这两个变量的系数都是显著为正的。农民对城乡居民养老保险的满意度对其参保意愿的可持续性具有显著正向影响，符合逻辑推理，在一定程度上说明农民的参保选择是理性选择的结果。对城乡居民养老保险的期望度对参保意愿也具有显著的正向影响效应，对养老保险期望度越高的已参保农民继续参保意愿明显较强，这说明农民对养老保险制度的期望度是影响其参保意愿的重要因素。具体来看：第一，政策的稳定性。城乡居民养老保险政策的执行是否连续稳定将直接影响到农民的缴费意愿。如果政策稳定，农民就有持续缴费的意愿。反之，则将打击农民的缴费信心。第二，养老保险基金运行的质量。基金的资金安全和保值增值能力将成为影响农民缴费意愿的又一个重要因素。第三，预期经济承受力和养老金保障能力。如果已参保农民对未来的预期收入持乐观态度，认为未来缴费水平在其经济承受范围内，那么他的参保意愿持续性就高，反之则低。同样，若已参保农民认为按现行政策未来领取的养老金能解决其基本生活，那他持续参保的可能性就大。

（4）养老偏好对参保意愿可持续性影响效应的解释

农民传统的小农经济思想决定了农民更重视眼前利益，对长期性的养老保险的兴趣和热情不高，现阶段缴费选择不参保的农村人口，主要是受传统观念的影响和生存环境的限制，农民更重视眼前利益，尤其是年轻人对长期性养老保险的兴趣和热情普遍很低，对城乡居民养老保险制度是否维持长期缴费意愿有很大不确定性，即使参保中途退保的可能性也很大。

3. 未参保农民以后愿意参保的影响因素估计结果

从自变量解释效果来看，10 个自变量中有年龄、教育程度、土地面积、家庭年收入、城乡居民养老保险了解度、期望度和养老偏好 7 个变量统计上显著，其他 3 个自变量统计上不显著，见表 13。

表 13　未参保农民以后愿意参保的影响因素估计结果

自变量	模型一	模型二	模型三
年龄	0.033 ** (0.0162)	0.0146 *** (0.0053)	0.0088 * (0.0052)
教育程度	− 0.0366 *** (0.0136)	− 0.2390 *** (0.0538)	− 0.1411 ** (0.0677)
家里老人数	—	0.033 (0.0437)	0.2780 (0.1973)
土地面积	—	− 0.672 * (0.403)	− 0.751 * (0.128)
家里小孩数	—	− 0.0266 (0.1356)	0.0351 (0.0443)
家庭年收入	—	0.232 * (0.123)	0.251 * (0.137)
了解度	—	—	− 0.2095 * (0.1263)
满意度	—	—	0.0392 (0.0253)
期望度	—	—	0.5682 * (0.3369)

自变量	模型一	模型二	模型三
养老偏好	—	—	0.9836 *** (0.1071)
Logpseudolilihod	−294.79	−497.34	−382.95
Wald chi2	Wald chi2 (2) =30.36	Wald chi2 (6) =57.98	Wald chi2 (10) =96.16
Prob > chi2	0.0015	0.0001	0.0000
Pseudo R2	0.0144	0.0385	0.0938
观测值数	310	310	310

4. 未参保农民以后愿意参保的影响因素估计

（1）家庭状况变量对参保意愿可持续性影响效应

在未参保农民以后选择参加城乡居民养老保险的家庭状况变量影响因素中，土地面积和家庭年收入在模型中是统计显著的。我们认为，土地面积系数显著为负，在一定程度上说明目前农村土地养老的观念依旧较强，并对社会养老保险制度存在一定的替代性。土地是农民传统的养老方式和载体，其养老功能最直接地表现为土地耕种所产生的直接收益。土地面积较大的农民，可能由于对土地提供的养老功能存在较强的预期，因此参保意愿相对较低；反之，土地面积较小的农民，其参保意愿相应较强。同时，也说明了未参保农民群体，拥有较多的土地，更加看重土地的经济价值，更加依赖土地养老。

家庭年收入的系数显著为正，家庭年收入越高，参保意愿越强。这可能与未参保农民的家庭年收入偏低相关。这一点在"您不想参加城乡居民养老保险考虑的主要因素是什么"问题上也有所体现，超过 1/3（36%）的人认为是"由于生活困难，不能支付最低参保金额"。

（2）政策认知变量对参保意愿可持续性影响效应

在未参保农民以后选择参加城乡居民养老保险的政策认知变量影响因素中，城乡居民养老保险了解度在模型中是统计上显著的。我们认为，了解度显著为负在一定程度上说明农民对城乡居民养老保险政策了解越深入，越不愿意参保。这反映了城乡居民养老保险政策的激励性不大，政府补贴额和基础养老金偏低，不能有效解决农民的基本生活，因此，如何调整城乡居民养老保险政策，提升农民参保的积极性将成为一个新的挑战。

五、结论与思考

（一）结论

1. 影响因素的一致性与解释

本次调研在问卷调查五华县区河东镇 462 个农民的基础上，定量分析了已参保和未参保农民这两类群体参与城乡居民养老保险可持续性的影响因素。除验证传统解释变量外，特别检验了农民对城乡居民养老保险制度的了解度、满意度和期望度对其参保行为的影响。研究发现，农民对城乡居民养老保险的期望度均会推动已参保和未参保农民缴费参保。如果农民对城乡居民养老保险制度持有乐观预期，那么农民就会持续缴费，从而有利于这一制度的稳定运行，否则，制度运行很可能会受到影响。因此，农民对城乡居民养老保险制度的信心是其参保决策的关键。政策稳定性、预期经济承受力和预期保障是影响农民期望度的重要因素。

2. 影响因素的差异性与解释

城乡居民养老保险的了解度和满意度对已参保和未参保农民这两类群体的影响在显著性上是存在差异的。未参保农民对城乡居民养老保险的了解度对其缴费参保有显著负向影响。农民对城乡居民养老保险制度的业务流程、缴费情况和养老金待遇等制度构件了解越清楚，越不倾向于选择参保。究其原因，主要是因为城乡居民养老保险政策的激励性不大，政府补贴额和基础养老金偏低，未参保农民认为养老金作用不大所以选择不参保。而已参保农民对城乡居民养老保险的了解度对其继续缴费参保意愿的影响不显著，这和我们理论预期不一致，我们尝试做出的解释是五华县地区农民参与城乡居民养老保险更多的是自愿，而非政府强迫，这可以在"您愿意参加城乡居民养老保险考虑的主要因素的是什么"题项中只有3% 的农民选择"村委会要求参加"得到体现。对于自愿参加的农民，其在做出参保决策前对城乡居民养老保险政策已有一定的了解，所以参保后其对养老保险的了解程度对以后是否继续参保的影响不大。

已参保农民对城乡居民养老保险的满意度显著正向影响其继续缴费参保的意愿，这说明农民的决策行为不仅受到"理性小农"逻辑的支配，还受到有限理性范式的影响，这是农民自身认识能力不足的特点所决定的。农民参保行为选择有两个依据，一是城乡居民养老保险制度能不能给农民带来实惠、能带来多大实惠，这符合理性小农的特征；二是农民对城乡居民养老保险制度实惠大小、管理、服务是否满意，这符合有限理性范式的特征。而未参保农民对城乡居民养老保险的满意度对其以后参保意愿的影响不显著。我们认为可能原因是样本量较小，这需要在以后的研究中继续关注。

（二）思考

本次调研的研究表明，地方政府尤其是贫困地区的政府，在推行城乡居民养老保险政策时，为提高农民的参保热情，应该考虑如何提高农民对制度的了解度、满意度和期望度。

在研究中发现，五华县地区的农民对城乡居民养老保险的了解度对其缴费参保是负面影响，主要原因是因为政府支持力度不大，养老保险制度激励性不强，农民认为养老金作用不大。因此，在考虑到五华县经济不发达以及政府财政有限的条件下，地方政府应该积极探索城乡居民养老保险服务体系的社会参与机制和路径，多渠道筹集资金。如大力发展农村集体经济，扶持农村集体经济组织的发展，发挥集体经济组织的缴费主体作用，大大减轻政府和农民承担的缴费责任。

农民对制度的满意度和期望度也是影响其参保行为的重要因素。在地方政府主导制度的运行和管理的情况下，农民对城乡居民养老保险政策稳定性的期望暗含了农民对地方政府的信任。而农民对地方政府的信任是其和地方政府在长期的博弈过程中形成的稳定的心理预期。因此提高农民对地方政府的信任要依靠地方政府的长期信用。就提高农民对制度的信任而言，地方政府要准时、足额地把养老金发放给参保农民。在制度运行期间，养老金存折可以由乡镇社保所的工作人员在自然村实地集中发放，让农民现场看到实惠，这能产生一定的宣传效应。让农民切实认识到城乡居民养老保险给自己和家庭带来了实惠，化解了老年风险，减轻了家庭养老的压力，从而提高了农民对城乡居民养老保险制度的满意度和期望度。

此外，加大对城乡居民养老保险制度的宣传很关键。在村域中，农民获得城乡居民养老保险信息的渠道有两个，一个是政府宣传的正式渠道，另一个是农民口头相传的非正式渠道。政府通过多种渠道加大宣传的同时，要充分利用时机、创造平台鼓励农民之间的互动。鉴于农民之间的互动具有可持续性、低成本和通俗易懂的特征，这种宣传方式应该引起政府的重视。

第五章 新型农村社会养老保险
基金保值增值分析

对新农保基金进行有效的投资运营是解决新农保基金运营风险的主要途径，同时也是应对人口老龄化步伐加快的现状和物价不断上涨的重要措施。

我国老龄人口所占比重日益上升，预计到 2015 年，我国 60 岁及以上老年人口为 1.4434 亿。近十年 65 岁及以上人口逐年增加，年均净增老年人口 800 多万，超过新增人口数量；80 岁以上的高龄老人将达到 2400 万，约占老年人口的 11.1%，年均净增高龄老人 100 万，增速超过我国人口老龄化速度；65 岁以上空巢老年人口将超过 5100 万，约占老年人口的近 1/4。《中国财政政策报告 2010/2011》指出，2011 年以后的 30 年里，中国人口老龄化将呈现加速发展态势，到 2030 年，中国 65 岁以上人口占比将超过日本，成为全球人口老龄化程度最高的国家。到 2050 年，社会进入深度老龄化阶段。❶

农村人口老龄化使得对新农保制度的需求显得尤为迫切。对于参保农民而言，在年老时得到保障水平的高低主要取决于其个人账户上积累基金的多少。而且，随着人口老龄化的加剧，新农保基金的给付将面临越来越严峻的挑战，政府将背负养老金越来越大的财政压力。因此，寻找一种能够充分提高基金运营效益、实现积累基金保值增值的方式，是应对人口老龄化必须要采取的措施。❷

对新农保基金进行有效运作不仅是为了应对人口老龄化步伐加快，也

---

❶ 数据来源：社科院. 2030 年中国将成老龄化程度最高的国家［EB/OL］.（2010 – 09 – 10）. 中国新闻网. http：//www. chinanews. com/gn/2010/09 – 10/2526415. shtml.

❷ 刘钧. 养老保险基金投资运营的风险预警和防范［M］. 北京：清华大学出版社，2010：46.

是应对物价上涨、实现养老保险金自身意义的需要。在没有出台具体运营办法之前，新农保个人账户资金按照一年期储蓄存款的利率来计息，这高于活期存款计息收益率，但长期来看无法跑赢 CPI，难以达到资金保值增值的目的。新农村养老保险基金是用来保障老年人的基本生活需求的，这是筹集养老保险金的基本出发点。但是，如果养老保险金由于缺乏有效运作而不能实现适当的保值增值，甚至由于受到物价上涨等因素的影响而出现贬值，将无法保障老年人的基本生活，从而失去养老保险金本身的意义，给农村社会的稳定与发展带来严重的负面影响。因此提高新农保的运作管理效率，是应对通货膨胀等因素、实现养老保险金自身意义的需要。

第一节 新型农村社会养老保险基金投资运营现状

目前我国农村社会养老保险基金的投资运营与监管机制都存在诸多问题，亟须进一步完善。如新农保基金的投资运营缺乏高水平的专业人员和专业团队，严重影响了运营的效率；由于运营过程中缺乏必要的监管程序，导致农保基金管理漏洞频出，挪用、占用、贪污案件频发，严重影响了农保制度的进一步推广。通过对已有研究和近年来新农保发展的历史资料的总结，目前新农保的投资运营主要存在以下问题。

一、基金运营渠道和方式单一，缺乏保值增值能力

1998 年，国务院进行机构改革，农村社会保险管理职能划入新成立的劳动和社会保障部。政府对社会保险基金的投资采取严厉的限制，规定我国农村社会养老保险基金的投资途径主要是银行存款和购买国债，就连购买国债政策上也没有明确允许在二级市场上投资运作，只能持有到期。使得我国农村社会养老保险基金投资渠道单一，正面临着贬值风险。[1]

尽管购买国债和银行存款在一定程度上减少了基金的损失，但这与国民经济的增长率相比还存在一定差距。农民参加社会养老保险的目的是为了应付年老的生活需要，只有当参保回报率高于他们自然储蓄的利率时，广大农民才会对新农保制度表示出较大的热情，才会支持该项政策的开

---

[1] 邢宝华，窦尔翔，何小锋. 新型农村社会养老保险制度的金融创新 [J]. 东北财经大学学报，2007（7）：3 - 8.

展。因此，合理扩大新农保的投资渠道、提高新农保的运营效率尤为重要。

二、基金统筹层次偏低

我国目前实行的是只有县市级范围的地方社会统筹，省级统筹还不完善，没有中央级的全国统筹。因而，社会保障的共济性受到制约，分散风险的功能难以在较大范围内实现，也不利于企业公平竞争。具体来说，低水平的统筹层次带来的弊端主要有如下几点。

首先，养老保险基金缺乏整体性，规模较小，没能有效发挥调剂功能，缺乏互助性。

其次，各级机构庞大而分散，缺乏有效监督，导致管理效率低下。我国目前对养老金的信息披露缺失，监督还不到位，严重危及养老基金的运作安全。

最后，目前以县为单位组织基金投资运营，基层工作人员虽然具备必要的理论基础和专业素质，但缺乏控制风险的能力，不利于新农保的安全运营。

三、保障立法滞后，缺乏有效监督机制

国家在农保基金的筹建、运营、监管等方面没有统一的法律法规来指导、规范其运作。社会养老保险的法律制度建设严重滞后于社会保障事业的客观需要，使得监督和被监督的主体不明确，监管部门执法无力，严重影响基金监督管理工作的开展。

第二节　新型农村社会养老保险基金投资运营原则

一、安全性原则

农村社会养老保险基金进行运营的最主要原则是安全性原则。安全性原则指新农保本息能按期回收。安全性原则要求在新农保运营过程中必须处理好收益与风险的比例问题。一方面，要求把风险控制在新农保基金的可控制范围内。风险过大，导致本金无法收回，势必影响新农保正常的支付需要，从而影响新农保的持续开展与农村社会的稳定；另一方面，要求

风险与收益相匹配。投资理论认为收益是投资者承担风险的回报，因此在有效市场，高风险对应高收益，低风险对应低收益。新农保基金的投资运营势必会面临一定的风险，因此也要求取得相应的收益，如果不能取得与市场水平相当的收益，则该运营属于低效或无效运营，也相当于造成了资产的损失，这样就不能够实现新农保基金预期的保值增值。

二、流动性原则

我国农村社会养老保险基金投资运营须遵循的一个重要原则是流动性原则。所谓新农保基金运营的流动性原则，就是指所投资的资产在不发生价值损失的条件下所具有的在计划期限内变现的能力，以满足可能的支付农村社会养老保险的需要。如果新农保基金长时间不能变现将影响支付需要和体制安全。因此，在进行新农保投资运营时，一方面，要仔细研究、精确计算，确保合适的变现能力。另一方面，要采取多样化投资方式，尽量分散投资的风险。

三、盈利性原则

盈利性原则也是对新农保基金进行运营的一个重要原则。盈利性，就是指在符合安全性的前提下，投资能够获得适当的收益。新农保基金进行运营的直接目的就是为了获得收益。由于存在物价上涨因素，如果不能获得适当的收益，新农保基金将无法实现保值增值。所以，必须在遵循安全性原则的前提下，对新农保基金进行有效的投资运营，通过科学的项目评估手段，选择优良资产和项目，并在此基础上进行有效运作和管理监督，争取获得预期的收益，才能真正实现新农保基金的保值增值。❶

第三节　新型农村社会养老保险基金的四方合作投资运营模式

要实现新农保的保值增值，必须提升新农保投资运营的效率。从新农保实施的现实情况来看，提高其投资运营效率的最有效方式是要在提高统

---

❶　任庆泰，赵泽洪. 社保基金投资运营的风险控制 [J]. 劳动保障世界，2009 (1)：77－80.

筹管理层次的基础上扩展投资运营的渠道，尤其是构造创新型的投资运营模式❶。

一、四方合作投资运营模式的提出

我国农村目前资金紧缺，农民生产生活融资困难，主要体现在以下几个方面：我国现行农村金融机构尚不完善，很难满足农业产业化发展、农业开发和农村基础设施建设等项目发展的需要；目前需求资金的农户难以提供抵押物或质押物，影响了金融机构向农户提供资金的积极性；农村项目风险大，收益低，风险与收益不对称，决定了农村生产很难吸引到资金的投入。我国农村信用环境尚不完善，仍有个别农户信用观念差，存在借款逾期不还和随意转让的行为。农村保险市场不完善，农业具有高风险的特点，需要农业保险作为保障。但我国农业保险总体上处于落后的状态。基于农业保险发展的现状，金融机构对农业贷款都采取比较保守的态度。因此，构建一种由政府、农民、金融机构和保险机构共同合作的新农保投资运营模式，为新农保的保值增值提供了新的渠道。另外，也促进了农村经济发展和农民收入提高，从而进一步促进了新农保的发展。

二、四方合作模式的资产建设思想

利用四方合作模式对新农保基金进行投资运营的理论思想来源于资产建设理论。美国教授迈克尔·谢若登❷首先提出，社会保障应当从生活资料保障模式转变到资产建设（assets building）模式上来，即"以资产为本的社会政策"思想，是指政府有组织地引导和帮助穷人进行资产积累与投资，而非简单地直接增加其收入与消费。资产的福利效用有效理论和实证研究的支持者认为，人们有了资产，可以从长计议，追求长期目标。更为重要的是，积累资产本身对穷人的心理促进、意识提升以及行为方式的改变等具有巨大的潜在作用。现有的社会保障模式基本是以生活资料为本的社会保障，以提供生活资料、保障基本生活为主，缺乏积极的激励

---

❶　摩拉利达尔·A.S. 养老基金管理创新［M］. 沈国华，译. 上海：上海财经大学出版社，2004.

❷　迈克尔·谢若登. 资产与穷人——一项新的美国福利政策［M］. 高鉴国，译. 北京：商务印书馆，2005.

机制。

资产建设理论认为，从制度安排方面给予个体资产积累的扶植是极为必要和有益的。资产持有者在对资产进行使用和管理的过程中，其行动能力得到发挥和增强。由此资产建设理论的核心在于，通过培养个体的发展能力从而使个体从一种被社会排斥的状态重新回归到社会主流，是利用扶植或重建个体的市场能力以期达到社会融合目的。也就是说，资产建设的根本目的在于帮助贫困个体实现增值，是以改变生活方式作为解困的有效途径。

引入资产建设理论，研究新农保基金的运营，可通过新农保基金合理使用，为参保农保提供资产建设的条件❶❷，一方面，一定程度上满足了新农保基金的增值需求；另一方面，通过资产建设，提高农民的资产水平，从而提高了农民的缴费能力，保证了新农保基金的来源，本章正是在此基础之上提出了新农保基金投资运营的四方合作模式。

三、四方合作模型的结构及运作机理

四方合作是根据新农保基金投资运营的现状和需求，结合农村经济发展情况所提出的一种充分发挥农民自主性的创新型的投资运营渠道。该模式充分考虑了新农保的保值增值要求和农民生产生活融资困难的现状，将政府部门、农村银行、商业保险公司和农户有机结合起来。该模式的主要思想是：农民向政府定期缴纳养老保险金，购买养老保险，并在达到领取年龄后向政府领取养老金。政府将农民缴纳的部分养老基金交与农村商业银行管理，并作为农村贷款专项基金。购买养老保险的农户可以凭借相关项目向农村商业银行申请此种贷款。农户的项目通过商业银行的审核并且购买了相应的商业保险之后就能获得该项贷款。农户对贷款进行合理运营，并以获得的收益按时归还本金与利息。四方合作模式一方面实现了新农保的保值增值要求，另一方面实现了新农保基金回馈农村发展。

（一）模型的结构

四方合作模式是一个相互协作又相互制约的有机体系。通过四个主体

---

❶ 张时飞. 引入资产建设要素，破解农保工作困局——呼图壁县的经验与启示 [J]. 江苏社会科学，2005（2）：232－236.

❷ 徐德印，丛晓峰. 资产建设视角下的农民福利 [J]. 北京科技大学学报：社会科学版，2008，24（4）：11－14.

的相互协作、相互制约和相互监督实现新农保的安全和有效投资运营。具体见图 5 - 1。

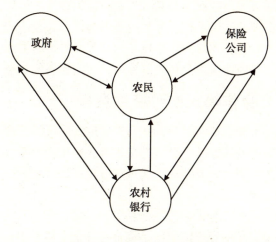

图 5 - 1　四方合作模式结构

在四方合作模型中，农民、政府、农村银行和保险公司是四个主体。其中购买养老保险并申请贷款的农民居于中心地位，是最主要的服务享受者；政府、商业银行和保险公司分别是主要的服务提供者。整个运作流程始于农户，即农户向政府购买养老保险；也终于农户，即农户从商业银行获得贷款，并按期归还相应的本金与利息，形成一次完整的业务循环。而每一次业务循环最主要的特点就是伴随着养老基金的流动，并且通过农民的自主经营使基金在该过程中完成自身的保值增值；其额外效益就是促进农村经济发展和农民增收，从而进一步促进新农保发展。

（二）运作机理

四方合作模型主要是围绕新农保基金的流动进行的，其目的主要是通过农民自主经营实现新农保基金的保值增值。该模型的具体流程如下：

首先，农民缴纳养老保险费用，向政府有关部门购买养老保险。政府财政部门对农民缴纳的养老保险金进行统筹管理：一方面，政府要预留适当比例的基金，按期向农村购买养老保险的适龄人口发放养老补助；另一方面，政府将剩余资金交给农村商业银行管理，建立农村项目专项贷款基金，向购买养老保险的农户提供贷款。其次，需要贷款的农户应向农村商业银行提出申请，并提交相关项目方案供商业银行审核。如果商业银行同意申请农户的方案，则将方案递交给商业保险公司进行进一步审核。如果商业保险公司通过该方案，并愿意为该方案提供合适的保险产品，则商业银行可在农户购买相应的保险产品后为农户提供贷款。最后，农户在取得贷款后应进行合理的经营运作，并利用所得的部分收益按期向商业银行归还本金与利息。此外，农村商业银行在一定程度上扮演了商业保险公司的业务代理，可以与商业保险公司协商分享其适当比例的收益。

四、四方合作模式的可持续运作

四方模型是否能够持续运行，并真正实现新农保的保值增值，关键在于能否保证资金链的流畅性、项目运营能否获得相应收益以及能否实现各个主体间利益的平衡。因此，为了实现四方模型的持续运作，需要注意以下几个方面的问题。

（一）确保四方合作模型中资金链的畅通与稳定

四方合作模型中的资金链指的是资金在各个主体之间一个循环往复的过程。资金链的流畅性与稳定性关系到整个四方合作模型的持续性和效率高低维护。维护资金链的流畅与稳定关键在于确保政府按时按量向农民征收保费和按时按量从农民处回收贷款等。

政府向农民合理征收的保费是整个合作模式的资金来源，是政府借助农村商业银行和商业保险公司进行基金运营的基础，因此政府必须采取相应措施，确保保费征收的可持续性与稳定性。

一是根据地区差异，制定合理的保费征收制度，提高农民参保的积极性，增加农民参保的多样性。

二是确保地方各级财政部门履行相应责任。首先，要合理划分地方各级财政之间的责任。由于各地区经济发展水平和财政能力不同，地方财政补贴在省、市、县三级财政的分担要根据实际情况制定合理的标准。中央财政根据不同省份经济发展现状来制定相应的地区补贴标准。各地省级人民政府根据本省实际情况制定省、市、县三级财政的责任划分。其次，要对各级财政部门履行责任的情况进行考核与监督。各级财政部门履行责任的情况不仅影响到财政补贴基金的到位情况，而且在很大程度上影响到农民缴纳保费的积极性，因此各级财政部门按时保质保量履行责任至关重要。有必要对各级财政部门履行该项职责的情况制定专门的考核标准，并将此纳入财政部门的绩效考核范围里面去。对于未能认真履行相应责任的财政部门，要制定相应的惩罚措施。

三是确保农户按时按量缴纳保费。农民是筹集新农保基金的主体，因此参保农民保费的按时按量缴纳是确保保费征收到位的关键。首先，为了保证农民缴纳保费的便捷性，要根据农村地区居住分布状况建立合理的缴费网点布局，这样有利于提高公共资源的利用率，从而提高缴费的效率。另外，要对相关的操作流程进行大力宣传和培训指导，尽可能避免操作失误而导致的未能按期按量缴费。对于未按要求缴费的农民，要提前予以通知提醒。其次，对于未按时缴费的行为，要制定相应的惩罚措施。为了促进广大参保农民自觉按时按量缴纳保费，先是要进行广泛的宣传，提高广大参保农民及时履行缴费义务的意识和责任感。另外，应该对逾期缴费行为实行适量罚款、限制贷款资格等处罚。这样，通过以宣传教育为主、强制为辅的手段，督促参保农民切实履行缴费义务，确保保费按时征收到位。

为了保证农村贷款的按时按量回收，农村商业银行应该编制合理的贷款回收计划、具体的贷款回收程序以及有效的贷款回收措施。农村商业银行要根据农村项目借款合同的分年还款计划和借款主体的还款能力编制年度贷款回收计划。在回收计划执行过程中，由于合同修改及其他原因而引起回收计划的变更，要及时调整回收计划。贷款回收计划的执行需要依托具体的回收程序。回收程序中应该包括偿还贷款的通知和说明、相关手续的办理、催款通知等。对于不按时还款的行为，应该采取相应的有效措施，包括支付延期罚金以及运用法律手段清收贷款等。

（二）选取优质项目，进行有效运作

项目运营能否获得相应收益关键在于选取合适项目，并进行有效运作。选择合适的有前景的农村项目属于资金链中的资金投入环节。投入项目的选择直接关系到基金的收益和本金的回收问题。因此在四方合作模型中，应该由农村商业银行和商业保险公司对农村项目采取双重评估制度。首先，由农村商业银行组织专门的项目评估小组对申请贷款的农村项目进行深入详细的风险与收益方面的评估，初步筛选出基本符合相关风险与收益要求的项目。其次，由农村商业银行将这些项目移交商业保险公司进行进一步的评估，符合保险公司的参保标准的项目才能最终获得贷款资格。这样通过双重评估在控制风险的基础上，尽可能提高基金的收益，充分体现了基金在安全性与收益性方面的要求。

为了确保农村项目的有效运作，需要对项目的实施进行积极引导和有效监督，提高项目的实施效率，使项目的风险得到有效控制。

一是对项目管理人员进行专业培训，提高管理人员的专业素养和管理水平。项目管理人员是整个项目团队的脊梁。管理人员应该具备良好的业务素质和管理素质。提高管理人员的素质主要包括提高以下几个方面的素质：首先，提高管理人员的基本素质，提高管理者的职业道德素养，巩固其基础知识，完善其知识结构；其次，提高管理人员的专业素质，提高基层管理者的项目经验和对项目进展过程中可能面临的各种情况的熟知度以及熟知对各种突发情况的处理能力；最后，提高管理人员的管理技能，包括计划、组织、协调、控制、激励、沟通、创新、危急管理、合作团队等基础管理知识。

二是结合当地实际和项目特点，引入现代先进管理制度。先进的管理水平和管理理念都需要通过具体的管理制度来落实。现代管理制度要求建立完善的分工制度、公正的绩效考核制度、公平的奖励惩罚制度、完善的财务预算和成本控制制度，另外还需要具备团队合作意识。项目管理制度是对项目团队的工作思路上的指引，也是对所有项目人员行为上的约束，其目的是保证整个团队按照项目的需要朝着一致的方向前进。

三是建立完善的监督机制和责任制度。监督机制和责任制度是项目团队的事故预防措施，另外责任制度还是事故的处理依据。对项目事故的最优管理方法是预防管理，在明确责任的基础上加以严格监督，将事故发生的可能性降到最低水平。而对事故责任的深入查究明确到人，将对项目的继续进行起到很好的警示作用。

（三）平衡各方利益

在四方合作模型的运行过程中，除了需要保证资金链的畅通和选择合适项目并进行有效运营以外，还需要注意各方利益的平衡。

一是政府和农民间利益的平衡。政府在制定保费的收取和保险金的发放政策时，一方面，应该考虑保费在农民的承受能力范围内以及保险金能够保证农民的基本生活水平；另一方面，也要考虑保费的补贴在财政收入的能力范围之内。另外，为了鼓励农村发展，政府可以考虑给予农村项目主体一定的税收优惠等政策支持。

二是政府和农村商业银行之间的利益权衡。政府将部分农保基金交由商业银行进行运作，一方面，应向商业银行收取等于或高于存款利息率的利息，确保农保基金的保值增值；另一方面，由于对农村商业银行在农保基金业务运作范围上的限制，需要保证商业银行自身的收益。

三是商业银行和贷款农户之间的利益平衡。一方面，商业银行作为贷方，理应获得相应的收益回报；另一方面，又要结合农村项目普遍较低的收益水平以及农保基金贷款助农的政策性意图，不宜要求过高的收益率。

四是商业银行与商业保险公司之间的利益平衡。此模式运作流程中，商业银行扮演了商业保险公司的业务代理角色。因此，商业保险公司在保证自身收益的同时还应该与商业银行共享一定比例的收益。

五是贷款农户与农村商业保险公司之间的利益平衡。考虑的农村项目收益普遍较低，商业保险公司应该给予一定的保费优惠政策。

总之，四方合作模型从农村经济社会发展现状和农民生产生活需求出发，以实现新农保基金的有效运营为目的，引入资产建设理论思想，有效地将政府、农户、商业银行与保险公司结合起来，一方面，实现了新农保基金回馈农村，解决了农村资金匮乏问题，促进农村经济发展；另一方面，又为商业银行与保险公司拓展了业务，减轻了政府部门的基金运营负担；最重要的是开拓了新农保基金的一条新型运营渠道，提高了新农保基金的运营效率，更好地实现了基金的保值增值。四方合作模型的良好运作，需要在保证资金流畅通的基础上，对项目进行有效运作，平衡好各方利益。各个主体之间要加强沟通衔接，真正实现新农保基金自身的保值增值目的以及回馈农村、促进农村发展的功能。

第四节　新型农村社会养老保险基金的消极化证券组合投资

由于国家政策的严格限制，目前养老保险基金基本上都投资于银行存款和国债，考虑到物价上涨的影响，很难实现基金自身的保值增值。参考国外养老基金和国内社保基金的投资方式[1]，新农保基金可以考虑进行适当的证券组合投资。考虑到新农保的安全性原则和盈利性原则，本章提出新农保的消极化证券组合投资方式，即将部分新农保基金投资于市场指数

---

[1] 祝献忠. 社保基金进入资本市场的风险收益实证分析 [J]. 中央财经大学学报, 2008 (6)：35 - 40.

所包含的股票与银行存款与国债的组合，采取相对稳妥的跟随市场的投资方式实现新农保的保值增值。

一、证券组合投资的理论

（一）证券投资品种

结合国外养老金投资运营的经验和我国证券市场的发展情况，新农保基金可以考虑采取如下一些证券投资工具：

银行存款：银行存款不属于证券，但由于养老保险金有相当一部分比例投资于银行存款，因此在这里把银行存款作为一种特殊的无风险证券列入新农保基金的证券投资工具中。

政府债券：政府债券的收益率稳定，且几乎不存在支付风险，但收益率较低，除了变现能力较差以外，与银行存款具有类似性。

公司股票：是当代社会最普遍的投资产品之一。股票具有高风险和高收益的特征，一般对股票的投资采取组合投资方式。

企业债券：由各大公司、国有企业发行的债权凭证，一类收益率高于国债收益率的债券，由于其偿付受到企业业绩影响，存在一定的支付风险。

基金证券：基金公司根据投资者的不同需求，利用金融方法和计量模型设计出来的各种优化投资组合。

海外证券：投资海外证券是指将新农保基金投资于国外金融资产。但由于信息不对称和国际环境复杂，将面临较大风险。

（二）证券组合投资理论

第一，证券组合投资理论的基本思想。

证券组合是指投资者对各种证券资产的选择而形成的投资组合，由各种类型的债券、股票及存款单等组成。证券组合按不同的投资目标一般分为避税型、收入型、增长型、收入和增长混合型、货币市场型、国际型以及指数化型等。避税型通常是投资于免税债券。收入型追求基本收益的最大化。能够带来基本收益的证券有附息债券、优先股以及一些避税债券。增长型证券组合以资本升值为目标。投资于此类证券组合的投资者往往愿意通过延迟获得基本收益来求得未来收益的增长。混合型证券组合是获取收入与取得增长的一种平衡的结果，因此称为"均衡组合"。国际型证券投资于不同的海外国家，是组合管理的时代潮流。指数化型证券组合模拟某种市场指数。信奉有效市场理论的机构投资者往往会倾向于这种投资组合，以求获得市场平均的收益水平。根据模拟指数的不同，指数化证券投资组合可以分为两类：一类是模拟内涵广大的市场指数；另一类是模拟某种专业化的指数。

证券组合管理是指对投资进行计划、分析、调整和控制，从而将投资资金以一定的比例分配给若干不同的证券资产，以此来实现资产收益最大化和风险最小化的目标。

证券组合管理的特点主要有两个：一是投资产品具有分散性。证券组合的风险一般来讲会随着组合所包含证券的数量增加而降低。只要证券收益之间不是完全正相关，分散化就可以有效降低非系统风险，使该组合的投资风险趋向于市场平均风险水平。因此，组合管理强调证券种类的多元化。二是风险与收益应该匹配。承担风险需要获得补偿，其补偿就是收益。收益大小应该与承担风险的大小具有相称性。因此投资者也应该根据自己的风险承受能力来确定自己的收益目标。

证券组合管理的基本步骤如下：（1）确定证券投资政策，包括投资目标、投资规模和投资对象，选取什么样的策略。（2）利用所获信息进行投资分析，包括基本面分析和技术分析。（3）形成证券组合，即确定具体的单个品种以及在组合中各个品种的比例。（4）投资组合的修正，即根据最新信息重新确定最优证券组合。（5）投资组合业绩评估，即对证券组合管理过程的反馈与控制。

第二，进行证券组合管理的策略。

证券组合管理的策略大致可以分为积极投资策略和消极投资策略。积极投资策略是通过积极的组合管理和市场时机的把握来获取高于市场平均收益的回报。消极投资策略则认为，就长期而言，持续战胜市场指数是十分困难的，因此最好的策略就是复制市场组合，争取获得同市场组合相同的回报。消极投资策略认为"市场组合"在定价有效率的市场中，给单位风险提供了最高的收益率水平。在理论上，市场组合应该包含整个市场的证券，构造市场组合时，每种证券在组合中的权重应该是该证券的市值占市场资本总额的比例。在实际操作中，投资者往往将某一市场指数所包含的全部证券作为市场组合，利用指数投资策略所构筑的投资组合中各证券的权重是通过完全复制该基准市场指数得到的，因而能够获得与市场基准指数相同或十分相近的收益。将这种市场组合作为投资组合的策略就称为消极投资策略，也叫指数化的投资策略。在我国市场上可以选择上证综合指数、深证成分指数、沪深 300 指数、中证 100 指数、上证 180 指数、上证 50 指数等。

消极投资策略采取跟随市场的方式，因而能够极大降低非系统风险，从而能够在一定程度上减少交易费用和管理费用，并且能够在相对安全的前提下获得一定的收益，符合新农保基金保值增值的要求。

第三，有效市场假说。

有效市场假说是主流金融学和现代投资理论的核心基础之一。许多现代金融投资理论，如资本资产定价模型、本章用到的 APT 模型以及 Black-Scholes 期权定价理论，都是以市场有效为前提的。

市场有效假说是指在市场有效的假设之下，证券价格总是反映了已有的信息，如果证券市场的价格能够充分地反映所有证券价格的信息，则证券市场上的证券价格的变化就是完全随机的，投资者不可能持续地在证券市场上获得超额利润。也就是说，在有效市场中，作为建立在已有信息基础上的交易系统中的市场投资者，长期而言，是无法取得超过市场均衡超额收益的，他们不可能打败市场。

根据证券价格反映的信息程度的不同，有效市场假说可以分为三种形式：弱式有效市场假说、半强式有效市场假说和强式有效市场假说。弱式有效市场假说是有效市场假说的最低层次。他认为证券的现行价格完全反映了证券的历史信息。半强式有效市场假说认为先行的股票价格不仅仅反映了股票的历史价格所包含的信息，还包含了所有公开的信息。强式有效市场假说是有效市场假说的最高层次，在现实生活中一般不可能出现。该假设意味着，任何市场参与者所了解的信息，不论是公开的还是未公开的，都被全面准确地反映到市场价格中去，即使是内幕信息也不例外。

有效市场假说成立依赖于这样一些前提：投资者都是理性的，并且理性地估价和交易证券，他们之间的交易是随机的，彼此无关。

尽管有效市场假说在现实市场中不一定完全满足，由于有效市场假说是 APT 模型的基础，本章假设市场是半强式有效的，并在此前提下利用 APT 模型分析新农保基金的投资运营❶。

---

❶　关于证券组合投资理论的思想、策略和有效市场假说的论述详见曹志广，韩其恒. 组合投资管理［M］. 上海：上海财经大学出版社，2005.

第四，构建证券投资组合的方法。

在实际操作过程中，复制市场指数往往并没有购买市场上的所有证券，而是从市场组合中选取表现最好的大部分证券来构建证券投资组合。构建证券投资组合的理论主要有以下几种。

哈里·马克维茨（Harry Markowitz）❶ 的均值方差理论用证券或者证券组合的期望收益率来表示其收益，用期望收益率的方差来衡量其风险，通过建立一个二次规划模型来求解有效证券组合，并根据投资者的无差异曲线，确定投资者最满意的证券投资组合。

马克维茨投资组合理论的基本假设为：（1）证券市场是有效的，每个投资者都掌握充分的信息，了解每种证券的期望收益率和方差。（2）每种证券的收益率都服从正态分布，风险可以用收益率方差来表示，收益用期望收益率表示。（3）各种证券收益率之间是关联的，且符合联合状态分布，其相关程度可以用相关系数和协方差来表示。（4）投资者是风险规避的，追求期望效用最大化。（5）投资者根据收益率的期望值与方差来选择投资组合。（6）所有投资者处于同一单期投资期。（7）资本市场上没有摩擦，即资本可以自由流动，不存在交易成本和资本收益税。（8）投资者的个人资本是无限可分的，也就是说一个投资者可以购买他想购买的任何资产。马克维茨提出了以期望收益及其方差（E，δ^2）确定有效投资组合，马克维茨优化模型如下：

$$\min\delta^2(r_p) = \sum\sum w_i w_j \mathrm{cov}(r_i, r_j)$$

$$E(r_p) = \sum w_i w_j$$

式中：r_p——组合收益；

r_i, r_j——第 i 种、第 j 种资产的收益；

w_i, w_j——资产 i 和资产 j 在组合中的权重；

$\delta^2(r_p)$——组合收益的方差即组合的总体风险；

$\mathrm{cov}(r_i, r_j)$——资产之间的协方差。

马克维茨模型是一个二次规划问题，变量是各个资产上的权重，求解方法是拉格朗日方法，根据现有条件寻求使得组合风险 $\delta^2(r_p)$ 最小时的投资比例 w_i。具体来讲，就是投资者预先确定一个期望收益率，然后通

---

❶　Markowitz, H. Portfolio Selection ［J］. The Journal of Finance, 1952, 7（1）: 77 - 91.

过 $E(r_p) = \sum w_i r_i$ 确定可以实现该收益率的不同投资组合，然后在其中寻找投资风险最小的组合，所以在不同的期望收益水平下可以得到不同的最小方差解，从而构成有效投资组合前沿。马克维茨模型为实现最有效目标投资组合的构建提供了最优化的过程。

夏普（William Sharpe）[1] 等人提出的资本资产定价理论认为，一项投资的必要收益率主要取决于以下三个因素：（1）无风险收益率。（2）市场平均收益率。（3）投资组合的系统风险，该风险可以由 β 系数来衡量。CAPM（资本资产定价模型）建立在如下假设之上：（1）投资者都依据期望收益率和方差来分别评价证券组合的收益水平和风险水平。（2）投资者对证券的收益、风险及证券间的关联性具有完全相同的预期。（3）资本市场没有摩擦。所谓摩擦，是指市场对资本和信息自由流动的阻碍。因此，该假设意味着：在分析问题的过程中，不考虑交易成本和对红利、股息及资本利得的征税，信息在市场中自由流动，任何证券的交易单位都是无限可分的，市场只有一个无风险借贷利率，在借贷和卖空上没有限制。CAPM 模型说明了单个证券投资组合的期望收益率与相对风险程度间的关系，即任何资产的期望报酬一定等于无风险利率加上一个风险调整，后者相对整个市场组合的风险程度越高，需要得到的额外补偿也就越高。因此资本资产定价模型可以用来判断一项资产的价值是被市场高估了还是被市场低估了。

另外，还有套利定价理论将在下面的实证分析中具体介绍。

二、APT 模型与消极化投资策略在新农保基金运营中的应用

APT 模型的最一般的框架是 Ross（1976）[2] 的套利定价理论（APT）。套利定价理论要求证券的收益率同一组影响它的因素线性相关。一般地，设证券收益率普遍受到若干个因素的影响，用式子表达就是：

$$r_i = a_i + b_{1i}F_1 + b_{2i}F_2 + b_{3i}F_3 + \cdots + b_{ki}F_k + \varepsilon_i$$

---

[1] Sharpe，W. F.. Capital asset prices – A theory of market equilibrium under conditions of risk [J]. The Journal of Finance，1964，19（3）：425 – 442.

[2] Ross，S. A.. The arbitrage theory of capital asset pricing [J]. Journal of Economics Theory，1976（13）：341 – 360.

其中，a_i 为所有因素取值都为 0 时证券 i 期望收益率水平；b_{ji} 为证券 i 的收益率对第 j 个因素的敏感程度；ε_i 为剩余收益部分或随机误差项，其均值为 0，方差为 σ_i^2。对于充分描述证券收益率的生成过程的模型来说，$E(\varepsilon_i \varepsilon_j) = 0$，并且剩余收益 ε_i 与因素 F_j 之间的协方差 $E[\varepsilon_i(F_j - \overline{F_j})] = 0$；另外，我们可以通过变换处理把任何一组相关的因素变成一组不相关的因素，为了统计分析上的方便，我们这里只考虑因素 F_i 与因素 F_j 之间不相关的情况，即 $E[(F_i - \overline{F_i})(F_j - \overline{F_j})] = 0$。

APT 模型的前提是有效市场不存在套利行为。APT 模型更加贴近现实市场，而且可以针对不同的情形选择更为恰当的多个影响因素，模型的解释力也更强。因此，当市场达到均衡时，我们可以根据影响市场的一些主要因素来估算资产组合的理论收益率，及代表其内在价值的价格和收益率。利用估算收益率与实际收益率对比，可以判断股票价值是否被高估或低估。

在利用 APT 模型预测收益率时，首先需要确定收益率的影响因子。由于收益率受到众多因素的影响，而且其中一些因素的影响作用难以区分开来，因此本章选用因子分析法来确定影响股票收益率的主要因子。

因子分析法是一种将多个因子化为少数几个综合因子的多变量统计分析方法，其目的是用有限个不可观测的隐变量来解释原始变量之间的关系。因子分析的基本思想是将观测变量进行分类，将相关性较高，即联系比较紧密的分在同一类中，而不同类变量之间的相关性较低，那么每一类变量实际上就代表了一个基本结构，即公共因子。对于所研究的问题，试图用最少个数的不可观测的公共因子的线性函数与特殊因子之和来描述原来观测的每一分量。

因子分析的基本模型如下：

$$x_1 = a_{11}F_1 + a_{12}F_2 + \cdots + a_{1m}F_m + \varepsilon_1$$
$$x_2 = a_{21}F_1 + a_{22}F_2 + \cdots + a_{2m}F_m + \varepsilon_2$$
$$\cdots\cdots$$
$$x_p = a_{p1}F_1 + a_{p2}F_2 + \cdots + a_{pm}F_m + \varepsilon_p$$

其中，$X = (x_1, x_2, \cdots, x_p)'$ 是可观测向量，$F = (F_1, F_2, \cdots, F_m)'$ 是不可观测到的向量。

$\varepsilon = (\varepsilon_1, \varepsilon_2, \cdots, \varepsilon_p)'$ 与 F 相互独立，各 F 间相互独立。$E(F) = 0$，$E(\varepsilon) = 0$。

因子分析主要有以下几个特点。❶

第一，因子变量的个数远远少于原始变量的个数；第二，因子变量非原始变量的简单取舍，而是一种新的综合；第三，因子变量之间相互独立。

为了兼顾安全性与收益性的要求，新农保基金适宜采取消极化策略进行投资，即复制市场组合。我国证券市场上市场指数的品种繁多，因而形成了多种市场组合。为了论述的方便，本章将选取上证50市场指数所包含的股票作为市场组合，另外考虑到新农保对安全性的特别要求，另外选入一定比例的银行存款和国债与上证50市场组合组成最终的新农保投资组合，来探讨新农保投资于证券组合的可行性，以及从新农保的盈利性与安全性原则出发需要注意的相关问题。

之所以选取上证50指数所包含的股票作为市场组合，是因为上证50指数是根据科学客观的方法，挑选上海证券市场规模大、流动性好的最具代表性的50只股票组成样本股，以综合反映上海证券市场最具市场影响力的一批优质大盘企业的整体状况，选择这样的绩优股组合作为新农保基金的投资组合符合新农保保值增值方面的要求。另外，尽管上证50市场组合是由相关指数编制机构筛选出来的优秀股票组成的市场组合，但是由于对股指成分的调整相对市场的变化而言，具有相当的滞后性。因此本章将利用APT模型对上证50市场组合进行进一步优选，一方面，在优秀股票中选取表现最优秀的部分股票；另一方面，充分吸收了股市的变动信息。该方法是用实际收益率与基于APT模型的理论收益率相比较，主要包括三个步骤：

首先，用因子分析法找出影响市场收益率的公因子作为APT模型中的解释变量。

其次，利用APT模型对某只股票的收益率进行预测，得到该股票的理论收益率。

最后，将理论收益率与实际收益率进行对比。如果理论收益率大于实际收益率，说明该只股票的价值被低估，应该选入；如果理论收益率小于实际收益率，说明该股票的价值被高估，则不宜选入。这样就得到了从市场组合中进一步优选后的股票组合。

---

❶ 王斌会. 多元统计分析及R语言应用［M］. 广州：暨南大学出版社，2010.

（一）利用因子分析法选取市场公因子

本章选用从 2009 年 1 月 9 日到 2011 年 9 月 16 日上证 50 指数所包括的股票的周收盘价数据。在样本股票其中有 19 只股票的数据有缺失，因此我们选用了剩余 31 只股票的完整数据来分析，共包含 139 个数据样本点。其中 p_t 为第 t 周的收盘价；r_t 为第 t 周的收益率，$r_t = (p_t - p_{t-1})/p_{t-1}$。

利用 31 只股票的收益率进行因子分子，并将上证 50 指数的收益率也加入，利用该指数收益率的因子载荷找出市场因子。因子分析的结果见表 5-1。

表 5-1　KMO 和 Bartlett 的检验

KMO 和 Bartlett 的检验		
KMO 度量		0.93
Bartlett 检验	近似卡方	3825.90
	Df	496.00
	Sig	0.00

从 KMO 和 Bartlett 的检验结果可以看到，p 值为 0.00，远小于 0.05，说明该样本数据适合进行因子分析。

表 5-2　公因子方差表

因子序号	初始特征值	方差贡献率（%）	累计方差贡献率（%）
1	15.84	49.49	49.49
2	2.00	6.26	55.75
3	1.43	4.46	60.21
4	1.30	4.06	64.27
5	1.17	3.65	67.92
6	1.06	3.31	71.23
7	0.98	3.05	74.27
8	0.86	2.70	76.97
9	0.76	2.37	79.34
10	0.62	1.94	81.28
11	0.58	1.80	83.08

因子序号	初始特征值	方差贡献率（%）	累计方差贡献率（%）
12	0.55	1.72	84.80
13	0.52	1.63	86.43
14	0.44	1.39	87.82
15	0.42	1.32	89.13
16	0.41	1.28	90.41
17	0.36	1.12	91.53
18	0.34	1.06	92.59
19	0.32	0.99	93.57
20	0.29	0.90	94.48
21	0.25	0.79	95.26
22	0.24	0.75	96.02
23	0.22	0.70	96.71
24	0.20	0.61	97.32
25	0.18	0.55	97.87
26	0.15	0.48	98.34
27	0.13	0.42	98.76
28	0.11	0.36	99.12
29	0.10	0.30	99.42
30	0.09	0.27	99.69
31	0.08	0.25	99.94
32	0.02	0.06	100.00

从公因子方差表（如表 5 - 2 所示）可以看到，累计方差贡献率达到 85% 以上需要包含 13 个公因子。但是初始特征根大于 1 的公因子只有 6 个，而且这 6 个因子的累计方差贡献率达到 71.23%，解释了绝大部分信息，同时为了数据处理的方便，这里我们只选取 6 个公因子作为市场公因子，即 APT 模型中的解释变量。而且，由 F_1 贡献度最大，且与上证 50 指数收益率的相关性最大，因此可将 F_1 认为是系统风险因子。

（二）利用 APT 模型从上证 50 市场组合中进一步优选股票

将收益率作为被解释变量，将上文中 6 个公因子作为解释变量，则构建 APT 模型如下：

$$r_i = \alpha_i + b_{1i}F_1 + b_{2i}F_2 + b_{3i}F_3 + b_{4i}F_4 + b_{5i}F_5 + b_{6i}F_6 + \varepsilon_i$$

其中 b_{ji} 表示第 i 支股票在第 j 个公因子上的载荷，各支股票的因子载荷见附录 3。得到 APT 模型后，将这里因子得分（因子得分表见附录 4）代入进去，可以分别得到每只股票的预测收益率，即理论收益率。

然后根据股票交易价格计算出实际收益率，利用实际收益率和 APT 模型预测的理论收益率对比，即可以选出合适的股票组合。

（三）构建新农保基金投资组合

利用市场指数股票组合与国债、银行存款按不同比例进行组合，探索新农保的投资组合。将指数股票组合、银行存款、国债进行不同比例的组合可以得到不同的资产组合。为了计算上的方便，这里直接采用上证 50 指数的收益率样本数据作为所选股票组合的收益率来与银行存款和国债进行组合，从而得到不同新农保投资组合的收益率，详见表 5 - 3。

表 5 - 3　不同构成比例的新农保投资组合

	股票组合比例（%）	银行存款比例（%）	国债比例（%）
1	0	10	90
2	5	10	85
3	10	10	80
4	15	10	75
5	20	10	70
6	25	10	65
7	30	10	60
8	35	10	55
9	40	10	50

根据表 5 - 3，将股指基金与银行存款和国债按不同比例进行组合，一共得到 9 个投资组合。计算出每个投资组合在样本期的收益率，并分别对之前的 APT 模型中的公因子进行回归，得到每个组合的 APT 模型（因为第一组投资组合中股票为 "0"，不进行回归计算），相应的回归系数见表 5 - 4。

表 5 -4　各组合的 APT 模型回归系数

2	b	0.027	0.002	0.000	0.000	0.000	0.000	0.000
	sig	0.000	0.000	0.000	0.009	0.643	0.018	0.000
3	b	0.026	0.004	0.000	0.000	0.000	0.000	0.000
	sig	0.000	0.000	0.000	0.009	0.643	0.018	0.000
4	b	0.025	0.005	-0.001	0.000	0.000	0.000	-0.001
	sig	0.000	0.000	0.000	0.009	0.643	0.018	0.000
5	b	0.024	0.007	-0.001	0.000	0.000	0.000	-0.001
	sig	0.000	0.000	0.000	0.009	0.643	0.018	0.000
6	b	0.022	0.009	-0.001	0.000	0.000	0.000	-0.001
	sig	0.000	0.000	0.000	0.009	0.643	0.018	0.000
7	b	0.021	0.011	-0.001	0.000	0.000	0.000	-0.001
	sig	0.000	0.000	0.000	0.009	0.643	0.018	0.000
8	b	0.020	0.013	-0.001	-0.001	0.000	0.000	-0.001
	sig	0.000	0.000	0.000	0.009	0.643	0.018	0.000
9	b	0.018	0.014	-0.001	-0.001	0.000	0.001	-0.002
	sig	0.000	0.000	0.000	0.009	0.643	0.018	0.000

（四）结果分析

第一，对系统风险的分析。

系统风险（Systematic Risk）是指投资实际收益与预期收益之间的方差，系统风险又称市场风险，也称不可分散风险，是影响所有资产的、不能通过资产组合而消除的风险，这部分风险是由那些影响整个市场的风险因素所引起的。这些因素包括宏观经济形势的变动、国家经济政策的变动、税制改革等，是与资本市场的整体运行相关联的，会对所有资产价格发生影响，进而使资产价格全面下跌。由于目前我国证券市场尚不够成熟，系统风险在我国资本市场上相对其他国家而言较为突出。它具体包括如下风险：政策风险、购买力风险、利率风险、汇率风险等。

通常，可以利用 β 系数来衡量资产的收益率对市场组合收益率变化的敏感程度。将整个证券市场的 β 系数看作 1，如果某种资产的 β 系数大于 1，这代表一个积极的投资，该资产收益率变化程度大于市场收益率变化程度，该资产面临的系统风险较大；若 β 系数等于 1，则表明该资产收益率波动与市场收益率波动相同，该资产面临的系统风险等于市场风险；若 β 小于 1，该资产收益率波动小于市场波动，系统风险较小。由上述估计结果可以看出，随着指数投资组合比例的增加，系统风险因子的系数越来越大，意味着新农保基金投资组合面临的系统风险越来越大。因此，新农保投资组合面临的市场风险可以利用 β 系数来分析，并且据此在可承受风险和预期收益这两个因素之间寻找平衡点，不断调整证券组合资产及其比例，达到所期望的收益水平和平均系统风险水平。由上述实证分析的结果可以发现，在指数基金的投资比例小于 40% 的时候，市场风险因子系数不超过 0.014，远小于市场的 β 系数 1，资产收益率波动远远小于市场波动，刚好符合了新农保安全性的要求。可以根据不同组合的风险因子模型，进行预测和比较，从而选择较为合适的投资组合，确保新农保的安全。

第二，对非系统风险的分析。

非系统风险又称非市场风险或可分散风险。它是与整个股票市场或者整个期货市场或外汇市场等相关金融投机市场波动无关的风险，是指某些因素的变化造成单个资产价格变化，每个企业由于所处的行业和自身情况的不同，所面临的非系统风险一般来说是不一样的。由于非系统风险只影响市场中的一部分企业，因此可以通过投资特定的资产组合来分散掉，是一种可分散风险。包括：信用风险、流动性风险、财务风险、经营风险、操作风险。上述分析得到的 F_2、F_3、F_4、F_5、F_6 均为非系统风险因子，代表了每个企业的经营管理状况以及所处行业状况。由上面的估计结果可以看出 F_2、F_3、F_4、F_5、F_6 的系数绝大多数都是显著的，说明各种资产具有明显的非系统风险，即行业状况、个别企业的经营管理状况对资产组合的收益也具有显著影响。因此，在构建投资组合时，还应该综合考虑企业的生产经营状况以及所处行业的状况。因此，在构建新农保的证券投资组合时，除了要控制好无风险资产与风险资产的比例外，即股票与银行存款和国债的比例；还要控制好风险资产的内部结构，即各种股票的品种和比例，要选取较为景气行业里经营状况良好的公司的股票，最大程度上确保新农保基金的保值增值。

要实现新农保的保值增值，必须提升新农保投资运营的效率。本章以新农保基金的保值增值为出发点，结合人口老龄化的背景和新农保基金的安全性要求以及目前新农保基金投资运营的现状，提出了新农保的四方合作模式和消极化证券组合投资模式。四方合作模式将政府部门、农村银行、商业保险公司和农户有机结合起来，并且充分发挥了农民的自主性，体现了通过资产建设促进新农保基金发展的思想。该模式解决了农村资金匮乏的问题，促进了农村经济发展；而且又为商业银行与保险公司拓展了业务，减轻了政府部门的基金运营负担；最重要的是开拓了新农保基金的一条新型运营渠道，提高了新农保基金的运营效率，更好地实现了基金的保值增值。消极化证券组合投资充分利用了证券市场这一广阔而有效的投资平台，将新农保基金的盈利性原则和安全性原则很好地结合在一起。该模式先运用 APT 模型对市场指数组合包含的股票进行进一步优选，并将选出的股票与银行存款和国债按不同比例组合成新农保基金的投资产品。然后又根据 APT 模型分析了这些投资产品的系统风险与非系统风险，在此基础上论述了新农保基金投资证券市场的可行性，并提出相应的风险应对措施。

第六章 新型农村社会养老保险基金运营管理的风险控制

新农保基金是广大农民的基本养老保障，但由于其面临市场风险、通胀风险等不确定性因素，因此需要对其进行投资运营以保值增值，从而保证农民养老金的支付。而目前新农保基金只能用于银行存款或购买国债，不得进行其他的直接投资。根据前文分析，这种单一的投资方式不能实现基金保值增值的目的，有必要拓宽新农保基金的投资渠道，创新投资方式。对新农保基金进行投资运营，必然涉及运营模式、运营主体的选择以及运营风险控制等运营管理问题。由于目前国家相关规定只允许新农保基金存入银行或购买国债，对基金运营进行管理方面的规定处于空白状态。对于基金的监管规定也只是限于基金内部监管，监管的范围也只是限于基金筹集、上解、划拨、发放等运作流程的监管，对基金运营的风险控制没有涉及。❶

因此，为实现新农保基金的保值增值，一方面，要设计科学合理的运营管理模式，使新农保基金的投资运营有所依托。另一方面，在对基金运营的管理风险进行分析的基础上，通过构建相应的激励机制和监管机制，控制新农保基金运营的管理风险，提高新农保基金投资运营效率，最终实现新农保基金的保值增值和新农保制度的可持续发展。

---

❶ 关于新农保基金监管的规定详见《国务院关于开展新型农村社会养老保险试点的指导意见》（国发〔2009〕32号）和《新型农村社会养老保险基金财务管理暂行办法》（财社〔2011〕16号）。

第一节 新型农村社会养老保险基金运营管理模式选择

一、国际养老保险基金运营管理模式

目前，世界各国养老保险基金投资运营管理模式中最具代表性的有三种：一是政府直接运营管理模式；二是金融机构分散竞争经营管理模式；三是政府委托专业金融机构运营的委托运营管理模式。三种运营管理模式各有特点，分别与各国国家体制、社会经济等条件相适应，在养老基金管理及保值增值方面发挥了重要的作用。对国际上具有代表性的养老保险基金运营管理模式进行比较分析，有利于结合我国的现实情况，选择合适的新农保基金运营管理模式。

（一）政府直接运营管理模式

政府直接运营管理模式指由政府负责养老保险基金管理的公共管理部门直接进行养老保险基金的运营和管理。这种模式对政府经济管理能力与政治透明度的要求较高。新加坡的中央公积金制度是政府直接运营管理模式的典型代表。中央公积金局通过基本投资计划、增进投资计划、新加坡巴士有限公司股票计划、非住宅房地产计划、教育计划及填补等投资计划，以实现公积金资产的增值。❶

政府直接运营管理模式的优点在于：一是政府将养老基金集中直接投资，具有规模效应，从而可以降低成本；二是政府直接运营，运营主体关系较简单，有利于降低市场竞争成本；三是政府集中运营管理可以兼顾社会公平，有利于实现社会养老保险制度的生活保障和收入替代双重目标。但这种运营模式也存在不足之处，主要表现在：一是行政部门直接运营基金，受政策的限制较多，容易偏离保值增值的目标；二是政府直接运营，同时还担任监管职责，容易滋生腐败与基金挪用侵占现象；三是由于行政部门投资专业技术的限制，投资效率和收益率偏低，通常低于市场利率，造成基金的隐性亏损。

---

❶ 林义. 社会保险基金管理 ［M］. 北京：中国劳动社会保障出版社，2007.

（二）金融机构分散竞争经营管理模式

金融机构分散竞争经营管理模式指由私营的基金运营机构通过市场机制对养老保险基金进行运营管理，投保人可以自由选择符合规定条件的私营金融机构管理其基金。政府不参与基金的具体运营，只负责对运营机构进行监管。这种模式对一国的金融市场自由化与金融机构的成熟程度要求较高。智利是选择实行金融机构分散竞争经营管理模式的主要代表。

金融机构分散竞争经营管理模式的优点在于：一是投保人可以选择多家运营机构对养老保险基金进行运营管理，有利于分散风险；二是由专业金融机构对基金进行运营管理，有利于保证基金运营的收益率；三是多家金融机构分散竞争运营，有利于提高基金运营管理透明度，加强监管。这种模式的不足在于：一是养老保险分散经营，缺乏规模效应；二是基金运营机构市场竞争成本较高。❶

（三）政府委托专业金融机构运营的委托运营管理模式

政府委托专业金融机构运营的委托运营管理模式是在综合考虑政府直接运营和金融机构分散竞争经营的优缺点的基础上，提出的一种养老保险基金运营管理模式。这种间接运营管理模式介于前两者之间，融合了前两种模式的优点和缺点，它对于政府经济管理能力与政治透明度的要求低于政府直接运营管理模式，而对于金融市场自由化程度和金融机构成熟度的要求低于分散竞争经营管理模式。

二、新型农村社会养老保险基金委托—代理运营管理模式选择

我国新农保制度实行社会统筹和个人账户相结合的方式，作为社会统筹的基础养老金制度采取现收现付制筹资方式，并由国家财政提供担保。综观世界各国，现收现付制的基本养老保险大多采用养老保险经办主体直接管理模式，这样不仅可以降低基本养老保险基金的管理成本，而且还可以提高基本养老保险制度的运作效率，可以有效地保障劳动者（或公民）的基本生活。❷ 因此，基础养老金可以采取新农保经办机构或其他政府部

---

❶ 刘江军．基本养老保险个人账户基金投资管理模式研究——基于产权视角的分析［J］.国家行政学院学报，2011（5）：62－66.

❷ 刘钧．运行与监管：中国社会保障资金问题分析［M］．北京：清华大学出版社，2003.

门运营和管理的模式，统一征收、基金纳入财政专户，实行社会化发放。

新农保基金个人账户实行基金积累制，客观上要求进行市场化运营以实现保值增值。目前我国新农保基金运营采用的是政府直接运营管理模式，由政府新农保经办机构统一管理、统一运营，目前运营的方式基本也是限于存入银行和购买国债。新农保基金完全由行政力量进行管理最大的弊端是低效率，因为政府的天然职能是管理而不是生产，政府的行为往往不是根据市场需求而是依据计划安排，而且政府部门的劳动报酬与基金收益无关，政府管理部门没有努力提高新农保基金运营收益的动力。另外，由新农保经办机构或其他政府部门直接运营管理新农保基金，容易造成政府挤占、挪用甚至贪污、挥霍基金等问题，损害参保农民的利益。因此，由政府部门直接运营新农保基金并不是我国新农保基金运营管理的最优模式。

采用金融机构竞争运营养老保险基金的国家一般具有完善的市场经济体制和高度自由的资本市场和金融市场，并有完善的金融监督机制和风险控制机制加以保障。而我国缺乏完善的市场经济体制和高度自由的金融市场，金融监管仍然存在很多问题，因此由金融机构自由竞争对新农保基金进行运营管理显然不符合我国的现实情况。❶

新农保基金运营管理应采用政府委托专业金融机构的间接运营管理模式。委托—代理运营管理模式能够在提高新农保基金投资运营收益率的同时达到政府管理部门与运营机构的双赢。专业运营机构拥有专业的人才、知识、平台等资源，具有专业运营的优势，有利于提高新农保基金的运营收益。在委托—代理运营管理模式下，政府部门或新农保经办机构作为委托人将新农保基金委托给运营机构进行运营，运营机构作为代理人可以获得一定的报酬。委托人一般会设计一定的激励机制，使代理人的工作报酬与其运营收益挂钩，以激励代理人努力工作。在激励工资机制下，运营机构将努力工作以提高自己的收入，当劳动报酬足够高时，运营机构因为害怕失去代理运营的资格而努力工作。由此通过对代理人运营机构的激励，实现委托人政府主管部门关于新农保基金保值增值的目标。

---

❶ 刘昌平．养老保险个人账户基金治理结构与监管模式研究［J］．上海金融，2007（10）：49－52．

第二节　新型农村社会养老保险基金
管理的委托—代理

新农保基金的管理涉及多重主体，包括新农保制度的参加者和受益者参保农民，具体推行新农保制度、负责筹集资金和账户管理的政府经办机构以及对新农保基金进行市场化运营的外部金融机构或具有市场化经营职能的政府机构的下属组织。各主体间存在着较为复杂的委托—代理关系，新农保基金的管理必然存在由委托—代理关系带来的风险。本章通过对新农保基金管理中的委托—代理关系及其风险进行分析，构建相应的激励和监管机制，控制委托—代理风险，以保证新农保基金的有效管理和可持续发展。

一、新型农村社会养老保险基金管理的委托—代理关系

传统委托—代理理论是基于私人所有权基础的，只要资本的所有权与经营权相分离，即形成委托—代理关系。新农保基金由参保农民个人缴费、集体补助、政府补贴构成，因此虽然参保农民是新农保基金的所有者和最终的受益者，但新农保基金的来源决定了新农保基金的所有权具有"公共"和"私人"的双重属性，因此其管理过程中的委托—代理关系具有特殊性。新农保基金的基金管理链由参保农民、政府经办机构、基金运营机构组成。其治理结构是：参保农民是新农保基金的所有者也是初始委托人，农保经办机构作为第一受托人，其再将养老保险基金的运营增值业务委托给专业运营机构来运作；各级人力资源和社会保障部门是新农保基金管理的监督部门，对新农保基金的管理和运营全过程进行监督。可见新农保基金管理中各主体间存在多层次的委托—代理关系，具有较长的委托—代理链。

由于基金所有权具有公私双重属性，虽然参保农民是新农保基金的所有者，但其所有权的权能受到了一定的限制，加上参保农民自身知识水平、管理能力等方面的限制，参保农民难以直接对新农保基金进行运营管理，只能委托政府来履行相关的职能。政府一般会设立专门的机构来代表参保农民行使管理权。目前新农保基金是由各地的农保经办机构履行这一

职能。这是新农保基金所有权的委托—代理，从性质上来讲属于信托关系，是新农保基金第一层次的委托—代理关系。作为受托人的养老保险经办机构或者其他管理部门一般是由政府设立或者指定的，因此这一层次的委托—代理关系具有一定的强制性。

新农保经办机构作为受托人，具有对农保基金进行管理和保值增值的职责，但新农保经办机构是政府职能部门，不具有盈利性经营的职能，因此需要有一个具有经营权的独立机构对基金进行运营增值。运营的职能也可以由在经办机构下设立的具有经营权的下属机构来行使，但随着我国政企机构改革的深入，这一模式并非最优的安排。这是农保基金第二层次的委托—代理关系，即经营权的委托—代理，这种经营权的委托—代理属于传统意义上的委托—代理关系。其中新农保经办机构将部分基金职责委托给其他外部独立运营机构，可视为农保基金第二层委托—代理关系的显性化，而由其内部或者下属运营组织执行则可视为委托—代理关系的隐性化。新农保基金的二级委托—代理关系具有市场化的特征。

可见，新农保基金特殊的所有权性质决定了其管理链条中存在两个层次的委托—代理关系，即所有权的委托—代理和经营权的委托—代理（如图 6 – 1 所示）。

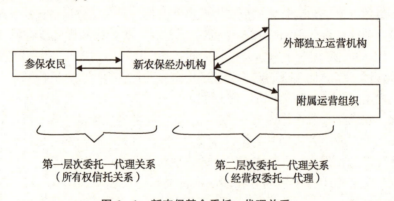

图 6 – 1　新农保基金委托—代理关系

二、新型农村社会养老保险基金管理的委托—代理风险及成因

所有权与经营权分离往往会导致利益目标的不一致，从而产生委托—

代理问题。❶ 由于新农保基金从筹集到运营的整个管理过程中涉及多个部门复杂的委托—代理关系，各主体利益冲突复杂，委托—代理风险突出。

（一）新型农村社会养老保险基金管理中的委托—代理风险

委托—代理关系中，由于代理人与委托人之间信息的不对称和利益目标的不一致，代理人常常会利用其信息优势和职务便利，追求自身利益而损害委托人的利益。委托—代理风险主要包括逆向选择风险和道德风险。

第一，逆向选择风险。

逆向选择风险，是指委托人在选择代理人从事其相关任务的过程中，相对于代理人而言处于信息劣势，难以全面、真实地了解代理人的情况，从而在劣质代理人信息诱使下选择了劣质代理人，而将优质代理人排除于选择之外。新农保基金第一层次参保农民与政府的委托—代理关系中，作为委托人的参保农民在代理人的选择上基本上是没有决定权的。因为在公共部门治理中，委托人（公众）对代理人（政府）的行为的评估完全处于信息劣势。虽然公众具有选举权和参与一些政治事务的权利，但事实是在很多情况下公众对于政府的选择都很难有效地体现自己的意志。❷

新农保基金第二层次经营权的委托—代理关系中，逆向选择风险更为突出。新农保经办机构需要将农保基金运营管理的职权委托给运营管理机构，以求农保基金的保值增值。但是，新农保经办机构在选择基金运营的代理机构时，一方面由于其自身专业知识、素质的限制，另一方面我国金融机构的资信等级、经营能力没有规范的划分标准和监管，新农保经办机构作为非专业的机构，很难对运营机构经营能力与努力程度做出正确的判断。当代理运营机构选择失误时，就容易造成新农保基金的运营损失，损害参保农民的利益。

可见，新农保基金复杂的委托—代理链里，作为初始委托人的参保农民处于绝对的信息劣势，不能有效地度量各级代理人的行为。在其两个层次的委托—代理关系中，委托人在代理人的选择上都是力量薄弱的，因此逆向选择风险在所难免。

---

❶ 乔杨，王晓军. 公共养老基金的委托—代理问题［J］. 首都经济贸易大学学报，2007（1）：69-73.

❷ Carmichael, J., Palacios, R.. A Framework for Public Pension Fund Management［C］// The Conference of Public Pension Fund Management. World Bank Publications, 2004.

第二，道德风险。

道德风险是指在委托—代理关系中，委托人和代理人都是理性经济人，双方都有各自的利益目标，代理人出于自身利益最大化的需求，做出的代理行为可能会损害委托人的利益。

新农保基金产权具有一定的"公共"性质，在其所有权委托—代理关系中，委托人参保农民在代理人政府经办机构面前是处于劣势地位的，委托方对代理方的监督更是无力的，这使得代理人新农保经办机构在基金的管理运营过程中在利益的诱惑下会产生许多违法违规的行为，如贪污、挪用、徇私舞弊、与运营机构或监督机构合谋等，损害新农保基金的利益。

在新农保基金经营权的委托—代理关系中同样存在道德风险。从新农保基金经营投资运作开始，参保农民以及经办机构作为委托人，都不可能像具有专业投资运营知识的商业运营机构那样全面地了解到基金运营的信息。作为代理人的商业运营机构或者基金经理人作为理性经济人，同样有追求自身效益最大化的动机。其为规避风险、寻求自我效用最大化，往往会在代理运营的过程中隐瞒真实的信息，违规、违法经营，从而损害经办机构的利益，最终损害参保农民的利益。

(二) 新型农村社会养老保险基金管理委托—代理风险的产生原因

第一，各主体利益目标不一致。

新农保是一项由政府主导的带有社会福利性质的制度，基金的管理者亦即基金所有权的受托人由此与政府有脱不开的联系，基金的管理决策往往带有明显的政治目标导向。新农保基金的经办管理机构与政府是行政隶属关系，显然与投保人相比较而言，地方政府更有权力和能力来约束这个"基金管理人"的行为，"基金管理人"往往会在追求自身利益最大化的同时与地方政府的目标相一致，而将基金资产最大化和保护参加者退休收入安全这个目标置于次要位置。在地方或部门利益的驱使下，农保基金很可能被非法挪用，投资于股市、房地产、基础设施等领域，成为"准"政府资金，从而加大农保基金的金融风险，导致支付危机。

在新农保基金运营的委托—代理关系中，对委托人基金经办机构而言，在付出代理成本后，希望能够获得相应的收益最大化。基金运营机构作为代理人，通过对新农保基金进行市场化运营的劳动获得相应的收益，包括劳动报酬和与基金运营收益相关联的额外报酬。但运营机构毕竟是独立的经济人，其做出经济行为的选择都是从其自身利益最大化出发的，因此其在从事具体的市场运营时，往往会忽视委托人的利益，从而导致与政府主管部门经办机构利益相冲突，引发委托—代理风险。

第二，各主体间信息不对称。

信息不对称是新农保基金委托—代理风险的最重要的根源。在新农保基金的双层委托—代理关系中，作为初始委托人的参保农民都处于绝对的信息劣势；在所有权的委托—代理关系中，经办机构在相关政策的发布、执行以及具体的办理管理过程中拥有信息优势，而参保农民的信息来源渠道单一，甚至所有的信息均来源于经办管理机构，参保农民与政府经办机构之间存在明显的信息不对称；在经营权的委托—代理关系中同样存在信息不对称的问题，一是作为初始委托人的参保农民，难以获得委托—代理链终端的经营管理机构或者代理经理人的具体相关信息，以及农保基金的经营运作信息；二是对于新农保基金经办管理机构而言，由于欠缺专业知识和经验，在瞬息万变的金融市场搜寻相关信息相当困难，难以选择最合适、最有效率的基金运营机构。而且在确定代理机构后，其对代理机构及其经理人的工作表现和工作业绩，难以做出准确的判断和控制。相反，作为农保基金经营权代理人的基金运营机构则在新农保基金的运营状况、自身工作努力程度和金融市场政策与信息的掌握上都拥有绝对优势。两个层次的信息的非对称性使新农保基金面临着显著的委托—代理风险。

第三，所有者与监管部门监督失效。

在委托—代理关系中，委托—代理层次的增加必然拉大初始委托人与最终代理人之间的距离，弱化初始委托人的监督积极性和最终代理人的工作努力水平，使得监督变得更加缺乏效率。❶ 新农保基金管理的委托—代理链复杂，基金的所有者——参保农民作为初始委托人，其委托权被弱化，既无力对第一代理人政府经办机构进行监督，更无法对终端代理人基金运营机构形成有效的监督。

另外，根据国务院的《指导意见》，新农保基金纳入社会保障基金财政专户进行管理，由人力资源和社会保障部门履行新农保基金的监管职责。但我国现行的社会保障法律还不健全，对社保基金的监管基本上处于

---

❶ 张维迎. 公有制经济中的委托人—代理人关系：理论分析和政策含义 [J]. 经济研究，1995 (4)：31 - 33.

一种粗放的、低级的部门规章规范调整阶段，缺乏应有的法律制约，对社保基金可能遇到的风险很难做到严格监管和控制。因此新农保的监管同样面临无法可依的困境，监管部门即使发现基金代理人不履行职责、损害委托人的利益，也难以依法对其进行惩处，以确保基金的安全及基金所有者的权益。

第三节　新型农村社会养老保险基金运营管理激励机制分析

从理论上分析，新农保基金运营管理中所有权委托—代理和经营权委托—代理都存在委托—代理风险，需要建立相应的激励机制和监管机制，对新农保基金运营管理的风险加以控制。在所有权委托—代理关系中，参保农民是委托人，政府经办机构或者其他主管部门是代理人，对于政府部门的激励和监管主要依靠法律、法规的制约以及社会和群众的监督。因此，本章主要讨论经营权的委托—代理关系中对代理人运营机构的激励和监管问题。在这里，我们假定政府及其经办部门与参保农民的利益是一致的。因为政府作为新农保制度的制定者与推行者，自然希望该制度能够顺利推行，达到其预想的经济与社会效益。新农保制度的目标就是使农民老有所养，促进农村经济与社会的稳定发展，这与农民的利益是一致的。

在新农保基金经营权的委托—代理关系中，新农保基金经办机构或其他基金主管部门是委托人，商业性的基金运营机构是代理人。基金经办机构与运营机构之间存在利益目标不统一、信息不对称等问题，运营机构往往为追求自身利益而隐瞒信息或从事不利于基金增值的行为，从而损害委托人政府主管部门的利益。因此，需要设计适用于运营机构的激励机制，激励其选择有利于基金保值增值的行为，从而实现主管部门对新农保基金运营管理的目标。

一、委托—代理一般激励模型

激励的含义是机制设计者（委托人）诱使具有私人信息的代理人从自身利益出发做出的行动符合委托人的目标。[1]委托—代理关系中，委托

---

[1]　王文举. 经济博弈论基础［M］. 北京：高等教育出版社，2010：3.

人不能直接观测到代理人选择了什么行动，能观测到的只是另一些变量，这些变量由代理人的行动和其他的外生的随机因素共同决定，因而充其量只是代理人行动的不完全信息。委托人的问题是如何根据这些观测的信息来奖惩代理人，以激励其选择对委托人最有利的行为。但委托人面临两个来自代理人的约束。第一个约束是参与约束，即代理人从接受合同中得到的期望效用不能小于不接受合同时能得到的最大期望效用。第二个约束是激励相容约束，即只有当代理人从选择行动 a 中得到的期望效用大于从选择行动 a' 中得到的期望效用时，代理人才会选择 a。即任何委托人希望的 a 都只能通过代理人的效用最大化行为实现。❶ 一般情况下，委托—代理模型有如下基本假设：

（1）假设双方的风险态度：委托人是风险中性，代理人是风险规避的。

（2）假设代理行为的产出为 x，x 由代理人的行为 a 和自然状态 θ 共同决定，即 $x = x(a, \theta)$，其中 θ 是随机变量，x，即 x 是 a 的增函数。委托人只能观察到代理人行为产出的结果 x，而不能观察到代理的行为 a 这一重要变量，即委托人与代理人存在信息不对称，委托人处在信息劣势的地位。

（3）假设代理人可以从委托人处获得报酬 $s(x)$，代理人行为（或努力）的成本为 $c(a)$，则代理人的效用函数为 $V = V[s(x)] - c(a)$，委托人的效用函数为 $U = U[x - s(x)]$。同时假设 R 为代理人从事其他行为的保留效用。作为完全理性人，显然委托人的目标在于促使代理人努力工作，使其效用函数 U 最大，而代理人的利益目标却与委托人不一致，在于其自身利益 V 最大，代理成本 c 最小。

委托人需要解决的问题是选择激励机制 $S(x)$ 解下列最优化问题：

$$\max_{s(x),a} \int U[x - s(x)]f(x,a)\,\mathrm{d}x \tag{1}$$

$$\text{s. t. IR} \int u[s(x)]f(x,a)\,\mathrm{d}x - c(a) \geqslant R \tag{2}$$

$$\text{IC}\,a \in \operatorname{argmax}\left(\int u[s(x)]f(x,a)\,\mathrm{d}x - c(a)\right) \tag{3}$$

---

❶ 张维迎. 博弈论与信息经济学［M］. 上海：上海三联书店、上海人民出版社，1996：46.

式（1）是目标函数，表示委托人通过选择合适的报酬函数 $s(x)$，激励代理人做出某种行为选择，使得委托人的期望效用最大；式（2）是参与约束，表示代理人必须获得的不低于保留效用 R 的效用，才会接受代理任务；式（3）是激励相容约束，表示代理人只会选择使其自身的期望效用最大的行为 a。

令 λ 和 μ 分别为参与约束 IR 和激励相容约束 IC 的拉格朗日乘数，那么上述最优化问题的一阶条件为：$\int u[s(x)]f_a(x,a)\mathrm{d}x = c(a)$，其中 $f_a(x,a) = \dfrac{\partial f(x,a)}{\partial a}$。

得到著名的"Mirrless – Holmstrom"条件：

$$\frac{1}{u[s(x)]} = \lambda + \mu\frac{f_a(x,a)}{f(x,a)} \tag{4}$$

其中，$\dfrac{f_a(x,a)}{f(x,a)}$ 表示产生 x 的增加在多大程度上来源于代理人的努力水平 a。Holmstrom（1979）证明了在不对称信息条件下 $\mu > 0$，这意味着在任何满足代理人个人理性约束和激励相容约束的条件下而使委托人的预期效用最大化的激励机制或契约中，代理人必须承担部分风险。❶❷

二、新型农民社会养老保险基金运营管理激励模型

一般的委托—代理激励模型以代理任务的收益为单一的目标，对代理人代理行为的激励也是基于单一行为或任务的。但是新农保基金是广大农民养老的资金来源，如果基金运营损失，将会影响到农村乃至整个社会的稳定发展。因此，新农保基金运营管理的目标应兼顾安全与收益，安全第一，收益第二，在保证基金安全的基础上促进基金运营收益的最大化。❸新农保基金运营管理的激励机制的设计激励代理人努力工作，实现基金安全与收益的双重目标。

---

❶ 张维迎. 博弈论与信息经济学 [M]. 上海：上海三联书店、上海人民出版社，1996：403 – 406.

❷ 孙璐. 基于委托—代理理论的中国企业年金受托人激励模型分析 [J]. 软科学，2008，22（4）：28 – 31.

❸ 刘渝琳，杨先斌. 基于风险、收益双重任务委托—代理模型的养老保险基金投资营运管理 [J]. 重庆大学学报：社会科学版，2006，12（3）：51 – 55.

（一）基本假设

（1）假设委托人新农保基金管理机构是风险中性的，代理人新农保基金运营机构是风险规避的。

（2）赋予运营机构保证新农保基金安全和收益两项工作任务，假设 a 为其努力程度，a 是由两个元素 a_1 和 a_2 组成的向量，即 $a = (a_1, a_2)$，其中 a_1 表示运营机构在控制基金运营风险方面的努力水平，a_2 表示运营机构在提高基金运营收益方面的努力水平，且 a 严格为正（$a > 0$）。

（3）假设代理人运营机构的行为 a 和自然状态 θ 共同决定产出 x，即 $x = x(a, \theta)$，$x = a + \theta$，$x_1 = a_1 + \theta_1$，$x_2 = a_2 + \theta_2 \cdots$。其中，$x_n = a_n + \theta_n$ 是随机变量 $\theta_1 \sim N(0, \sigma_1^2)$，$\theta_2 \sim N(0, \sigma_2^2), \cdots, \theta_n \sim N(0, \theta_n^2)$，假定 $\mathrm{cov}(\theta_1, \theta_2) = 0$，即两者相互独立。$x_1$、$x_2$ 分别为对应于努力水平 a_1、a_2 的产出函数，x_1 表示代理人对风险的控制程度，x_2 表示由于代理人的努力而获得的投资收益。由于信息不对称的存在，委托人新农保基金管理机构一般无法判断运营机构的努力水平，仅能观察到运营机构的工作产出（或收益）x。

（4）运营机构的收益来自基金管理机构给予的报酬，用 s 表示，即 $s(x_1, x_2)$，运营机构的代理成本为 c，$c(a_1, a_2)$，因此运营机构的效用函数为 $V = V[s(x)] - c(a)$；用 $U(x_1, x_2)$ 表示基金管理部门的收益，委托人的效用函数为 $U = U[x - s(x)]$。由于 x_1、x_2 分别为对应于努力水平 a_1、a_2 的产出函数，基金管理机构的收益 U 仍取决于基金运营机构的努力水平 a_1 和 a_2，因此，其收益可表示为 $U(a_1, a_2)$。

（二）模型的构建和推导

Holmstrom（1987）曾证明在委托—代理的一般假设下，委托—代理问题的最优激励机制是一个线性函数 $S(x) = \alpha + \beta x$，即代理人的收益由固定收入和激励收入构成。❶ $S(x)$ 代表代理人的收益，α 代表固定收入，βx 代表激励收入，β 可视为激励系数，即每一单位产出代理人可获得的收益。$\beta = 0$ 意味着代理人不承担任何风险，因为代理行为的结果无论是收益还是不收益，代理人都能获得固定的收益。$\beta = 1$ 意味着代理人的收益与其代理行为的产出完全相关，其收益随代理行为产出的增加而增加，随

---

❶ 蒲勇健，刘渝琳. 基于委托—代理理论的养老保险基金投资合同设计 [J]. 经济问题探究，2005（5）：133 – 138.

产出的减少而减少，可见，代理人此时承担全部风险。

对于新农保基金运营管理对代理人基金运营机构的激励，同样考虑线性契约函数：$s(x) = \alpha + \beta_1 x_1 + \beta_2 x_2 = \alpha + \beta^T x$，其中，$\beta^T = (\beta_1, \beta_2)$（上标 T 表示转置）。

在新农保基金的运营中，由于受到外界随机因素 θ 的干扰，代理人运营机构的收益是不确定的，用 ω 表示其随机收益。由模型基本假设得知运营机构的风险态度是风险规避的，即其希望获得与一个确实性等价收入 ω^*，而该确实性等价收入能与其期望效用相等。即 $u(\omega^*) = u[E(\omega)]$。

运营机构是风险规避的，其效用函数是一个指数型的效用函数，$V = -e^{-r\omega}$，V 代表其效用，r 代表其绝对风险规避度量，ω 代表其实际收益。

则运营机构的实际收益为：$\omega = s(x) - C(a_1, a_2) = (\alpha + \beta^T x) - C(a_1, a_2)$。

如果消费者是风险规避的，则确定性等价收入等于随机收入的均值减去风险成本。

设运营机构的确定性等价收入为 CE，则：

$CE = E\omega - 1/2r(\beta_1\sigma_1^2 + \beta_2\sigma_2^2) = \alpha + (\beta_1\alpha_1 + \beta_2\alpha_2) - C(\alpha_1, \alpha_2) - 1/2r(\beta_1\sigma_1^2 + \beta_2\sigma_2^2)$

其中，$(\beta_1\sigma_1^2 + \beta_2\sigma_2^2)$ 为收入方差，$1/2r(\beta_1\sigma_1^2 + \beta_2\sigma_2^2)$ 为运营机构的风险成本。

新农保基金运营管理中，基金管理机构是委托人，其利益目标在于利益最大化，也即新农保基金的安全与增值的综合评价最大化。由模型基本假设得到管理机构的风险态度是风险中性的，则其实际收益函数等于其效用函数。基金管理机构效用最大化为：

$\dfrac{\max}{\alpha, \beta} E(U[x - S(x)]) = EU(\alpha_1, \alpha_2) - E[S(x)] = U(\alpha_1, \alpha_2) - \alpha - (\beta_1\alpha_1 + \beta_2\alpha_2)$

运营机构的固定收入 α 一般由其保留效用 V_0 决定，也即基金管理机构根据运营机构不从事基金的运营业务或从事其他工作所能获得的收入来决定付给运营机构固定的报酬。V_0 即运营机构的机会成本。因此，固定收入 α 只影响基金的运营收益在基金管理机构和运营机构之间的分配，不影响激励系数 β^T 和运营机构的行为或努力程度 (a_1, a_2)。因此，基金管理机构对运营机构的激励机制的设计即转化为选择激励系数 $\beta^T = (\beta_1, \beta_2)$ 的问题。

通过委托—代理理论激励机制模型，解以下最优化问题：

$$\max_{\alpha, \beta} E(U[x - S(x)]) = EU(\alpha_1, \alpha_2) - E[S(x)] = U(\alpha_1, \alpha_2) - \alpha - (\beta_1\alpha_1 + \beta_2\alpha_2) \tag{1}$$

s. t. $(IR)CE = E\omega - 1/2r(\beta_1\sigma_1^2 + \beta_2\sigma_2^2) = \alpha + (\beta_1\alpha_1 + \beta_2\alpha_2) - C(\alpha_1, \alpha_2) - 1/2r(\beta_1\sigma_1^2 + \beta_2\sigma_2^2) \geqslant V_0 \tag{2}$

$$IC(\alpha_1, \alpha_2) \in \text{argmax}[\alpha + (\beta_1\alpha_1 + \beta_2\alpha_2) - C(\alpha_1, \alpha_2) - 1/2r(\beta_1\sigma_1^2 + \beta_2\sigma_2^2)] \tag{3}$$

上式中式（1）为目标函数，代表委托人基金管理机构的效用最大化；式（2）为参与约束，即代理人运营机构所获得的收益不小于其保留效用，他才会接受基金运营这项任务；式（3）是激励相容约束，运营机构选择的行为使得其自身效用最大化。

IR 成立：

$$\alpha = v_0 - (\beta_1 a_1 + \beta_2 a_2) + c(a_1, a_2) + \frac{1}{2}r(\beta_1\sigma_1^2 + \beta_2\sigma_2^2) \tag{4}$$

IC 成立，式（3）对 a_1、a_2 求偏导：

$$\beta_1 - \frac{\partial c(a_1, a_2)}{\partial a_1} = 0 , \beta_t - \frac{\partial c(a_1, a_2)}{\partial a_t} = 0 , t = (1, 2) \tag{5}$$

式（4）代入式（1）：

$$\max = u(a_1, a_2) - c(a_1, a_2) - \frac{1}{2}r(\beta_1\sigma_1^2 + \beta_2\sigma_2^2) - V_0 \tag{6}$$

其中式（2）表示参与约束，式（3）表示激励相容约束，

由式（5）对 a 求偏导得：

$$\frac{\partial\beta}{\partial a} = c_{ij} , \frac{\partial a}{\partial\beta} = [c_{ij}]^{-1} , i = 1, 2; j = 1, 2 \tag{7}$$

这里

$$\frac{\partial\beta}{\partial a} = \begin{bmatrix} \dfrac{\partial\beta_1}{\partial a_2} & \dfrac{\partial\beta_1}{\partial a_2} \\ \dfrac{\partial\beta_2}{\partial a_1} & \dfrac{\partial\beta_2}{\partial a_2} \end{bmatrix} , c_{ij} = \begin{bmatrix} c_{11} & c_{12} \\ c_{21} & c_{22} \end{bmatrix}$$

由式（6）求最优一阶条件，得：

$$\frac{\partial u(a_1,a_2)}{\partial a_1} - \frac{\partial c(a_1,a_2)}{\partial a_1} - \frac{1}{2}r(2\beta_1\sigma^2\frac{\partial \beta_1}{\partial a_1} + 2\beta_2\sigma_2^2\frac{\partial \beta_2}{\partial a_1}) = 0 \tag{8}$$

$$\frac{\partial u(a_1,a_2)}{\partial a_2} - \frac{\partial c(a_1,a_2)}{\partial a_2} - \frac{1}{2}r(2\beta_1\sigma_1^2\frac{\partial \beta_1}{\partial a_2} + 2\beta_2\sigma_2^2\frac{\partial \beta_2}{\partial a_2}) = 0 \tag{9}$$

令

$$U_1 = \frac{\partial u(a_1,a_2)}{\partial a_1}, \quad R_2 = \frac{\partial u(a_1,a_2)}{\partial a_2}, \quad c_{11} = \frac{\partial^2 c(a_1,a_2)}{\partial a_1^2}, \quad c_{22} =$$

$$\frac{\partial^2 c(a_1,a_2)}{\partial a_2^2}, \quad c_{11} = c_{21} = \frac{\partial^2 c(a_1,a_2)}{\partial a_1 \partial a_2}$$

将式（5）和式（7）代入式（8），得：

$$u_1 - \beta_1 - r(\beta_1\sigma_1^2 c_{11} + \beta_2\sigma_2^2 c_{12}) = 0$$

$$u_1 - \beta_2 r c_{12}\sigma_2^2 = \beta_1 + \beta_1 r c_{11}\sigma_1^2$$

$$\beta_1 = \frac{u_1 - \beta_2 r c_{12}\sigma_2^2}{1 + r c_{11}\sigma_1^2} \tag{10}$$

将式（5）和式（7）代入式（9），得：

$$u_2 - \beta_2 - r(\beta_1\sigma_1^2 c_{12} + \beta_2\sigma_2^2 c_{22}) = 0$$

$$u_2 - \beta_1 r c_{12}\sigma_1^2 = \beta_2 + \beta_2 r c_{22}\sigma_2^2$$

$$\beta_2 = \frac{u_2 - \beta_1 r c_{12}\sigma_1^2}{1 + r c_{22}\sigma_2^2} \tag{11}$$

式（10）和式（11）联立方程，解得：

$$\beta_1 = \frac{u_1 - r c_{12}\sigma_2^2 \dfrac{u_2 - \beta_1 r c_{12}\sigma_1^2}{1 + r c_{22}\sigma_2^2}}{1 + r c_{11}\sigma_1^2}$$

化简得：

$$\beta_2 = \frac{(1 + r c_{11}\sigma_1^2)u_2 - r c_{21}\sigma_1^2 u_1}{(1 + r c_{11}\sigma_1^2)(1 + r c_{22}\sigma_2^2) - r^2 c_{21}^2\sigma_2^2\sigma_1^2} \tag{12}$$

同理可得：

$$\beta_2 = \frac{(1 + r c_{11}\sigma_1^2)u_2 - r c_{21}\sigma_1^2 u_1}{(1 + r c_{11}\sigma_1^2)(1 + r c_{22}\sigma_2^2) - r^2 c_{21}^2\sigma_2^2\sigma_1^2} \tag{13}$$

因此根据式（12）和式（13）得到委托人对代理人的最优激励系数为

$$\begin{bmatrix} \beta_1^* \\ \beta_2^* \end{bmatrix} = \frac{1}{(1 + rc_{11}\sigma_1^2)(1 + rc_{22}\sigma_2^2) - r^2 c_{21}^2 \sigma_2^2 \sigma_1^2} \begin{bmatrix} (1 + rc_{22}\sigma_2^2)u_1 - rc_{21}\sigma_2^2 u_2 \\ (1 + rc_{11}\sigma_1^2)u_2 - rc_{21}\sigma_1^2 u_1 \end{bmatrix}$$

$$(14)$$

（三）结论分析

委托—代理理论的核心在于通过设立一定的激励机制，使具有风险规避特征的代理人努力工作，从而达到委托人利益的最大化，相应地，在养老保险委托运营中即是达到基金增值的最大化。已经证明，委托人与代理人之间必然存在信息不对称，基于代理任务的收益情况给予代理人相应的激励报酬是有效的激励方式。

由式（14）可以看出，新农保基金运营机构作为运营代理人，其对于基金安全和基金增值两项任务努力程度是分别受激励强度系数 β_1、β_2 影响的。基金管理机构通过选择一定的 β_1 和 β_2 来设计有效的激励机制，激励运营机构努力提高水平，保证新农保基金的安全和增值。

第四节　新型农村社会养老保险基金运营管理监督机制分析

一、新型农村社会养老保险基金运营监管主体博弈分析

经济博弈论是研究在利益相互影响的局势中，局中人如何选择自己的策略才能使自身的收益最大化的均衡问题，是研究聪明而又理智的决策者在冲突或合作中的策略选择的理论。[1] 博弈论的基本概念包括参与人、行动、信息、战略、支付（效用）、结果和均衡，其中，参与人、战略和支付是描述一个博弈所需要的最少的要素，而行动和信息是其"积木"。参与人、行动和结果统称为"博弈规则"。博弈分析的目的在于使用博弈规则预测均衡。[2][3]

---

❶　王文举. 经济博弈论基础［M］. 北京：高等教育出版社，2010：157.

❷　张维迎. 博弈论与信息经济学［M］. 上海：上海三联书店、上海人民出版社，1996：420.

❸　张照贵. 经济博弈与应用［M］. 成都：西南财经大学出版社，2006.

新农保基金管理部门将基金委托给基金运营机构进行市场化运营，为了保证基金的安全和收益，基金管理机构需要对运营机构的具体投资运营行为加以监管。**❶❷** 如前所述，在新农保基金的运营过程中，基金管理机构与运营机构之间存在信息不对称的问题。由于基金运营机构具有专业优势以及由其直接对基金运营进行操作，其比基金管理机构更容易真实、及时和全面地了解基金运营的情况而基金管理机构难以直接观察到基金运营机构的工作努力程度，而只能观察到基金运营的结果。因此，新农保基金的运营存在道德风险，基金运营机构为追求自身效益的最大化，做出有损基金管理机构和参保农民利益的行为。这种情况下，基金管理机构应该代表对基金的投资运营进行监管，降低风险，保证基金的安全运营和保值增值，保护参保农民的利益。而运营机构在违法违规行为可以获得额外收益的驱动下，想方设法避开基金管理机构的监管。因此两者存在监管与反监管的关系，两者的选择是双方行为方式相互作用的对策及均衡问题，即是一个博弈的过程。

二、新型农村社会养老保险基金运营主体间的监管博弈模型

（一）基本假设

（1）假设新农保基金运营监管博弈的当事人有两个，包括监管者基金管理机构和被监管者基金运营机构，基金管理机构和基金运营机构都是理性的，都以追求自身利益最大化为目标。

（2）假设新农保基金运营监管博弈过程属于一种完全信息静态博弈，博弈规则是既定的、公开的、透明的，即参与方同时进行决策，没有先后之分，且所有博弈方对各方收益都了解。

（3）假设新农保基金运营监管机构基金管理机构的行为策略有"认真监管"与"玩忽职守"两种；而新农保基金运营机构基于其自身利益，有违规经营的动机或内在要求，假设其有"守法经营"和"违规经营"两种。假设双方不存在共谋行为。

---

❶ 张萍，张相文. 金融创新与金融监管——基于社会福利性的博弈分析 [J]. 管理世界，2010（8）：167-168.

❷ 胡继晔. 社会保险基金监管博弈分析 [J]. 管理世界，2010（10）：176-177.

（4）监管者基金管理机构"认真监管"，进行监管需要支付一定的成本或费用；其若发现运营机构有违规经营行为就可以获得罚款收益等获得额外收益，如果运营机构守法经营或者违规经营未被发现，监管机构则只能获得正常收益。若基金管理机构"玩忽职守"，造成违规现象严重，被群众举报，则会受到民众或上级的批评与处罚，将获得负收益；若其玩忽职守不被发现，则仍可获得正常收益。基金运营机构选择"守法经营"时，获得正常的稳定收益，则没有获得违规的超额收入；如果选择"违规经营"，一旦被查处，则将受到处罚；若违规行为未被发现，则获得额外收益。

（二）模型及支付矩阵的构建

支付矩阵反映了博弈过程中新农保基金管理机构和基金运营机构双方采取不同策略时的收益和支出情况，是双方行为选择的依据，从收益和成本两方面进行如下参数假设：

（1）假设新农保基金管理机构的正常收益为 V，基金运营机构正常收益为 W。

（2）监管机构在实施监管过程中的支出成本为 C，包括监管人员的工资支出、培训支出以及与监管相关的其他费用等。监管机构发现基金运营机构的违规经营，则监管机构可获得奖励 K（$K > C$）。由于技术水平、职业道德、职业环境等原因，未能发现运营机构违规行为，则只能获得正常收益 V，不能获得额外奖励 K。基金运营机构守法经营，监管机构只能获得正常收益 V，损失监管成本 C。

（3）监管机构没有履行监管职责，玩忽职守，不需要付出监管成本，但上级部门或社会群众发现其玩忽职守行为，将会受到一定的惩罚，包括罚款、撤职，严重的还要追究其刑事责任等，设其受惩罚的负效用为 $-S$（$S > C$）。若其玩忽职守的行为不被发现，则其仍可获得正常收益 V。

（4）基金管理机构守法经营将获得其正常收益 W。其违规经营被监管部门发现或被社会群众举报，则要受到惩罚，包括罚款、吊销执照，甚至追究其刑事责任等，设其受惩罚的负收益为 $-D$。若其违规行为未被发现，则其可获得违规经营所得的额外收益 G。

构建支付矩阵如表 6 – 1 所示。

表 6 – 1　支付矩阵

			基金运营机构	
			违规经营	守法经营
基金管理机构	认真监管	发现	V − C + K, W − D	V − C, W
		没发现	V − C, W + G	V − C, W
	玩忽职守	举报	V − S, W − D	V, W
		没举报	V, W + G	V, W

由上述支付矩阵可以看出，新农保基金管理机构与基金运营机构的监管博弈没有纯策略纳什均衡。对于基金管理机构，当基金运营机构选择"守法经营"的策略时，对基金管理机构的最优策略是选择"玩忽职守"；而当基金运营机构选择"违规经营"的策略时，对基金管理机构的最优策略是选择"认真监管"。同样，对于基金运营机构，当基金管理机构选择"认真监管"时，基金运营机构的最优选择策略是"守法经营"；而当基金管理机构选择"玩忽职守"时，基金运营机构的最优选择策略是"违规经营"。

假定新农保基金监管机构对基金管理公司"监管"的概率为 p，基金管理公司选择违规经营的概率为 q，且监管情况下发现基金管理公司违规经营的概率为 a，不监管情况下被举报的概率为 b。

（三）模型的解

给定运营机构以概率 q 选择违法经营下，监管者选择监管的期望收益 E_1 和不监管的期望收益 E_2 分别是：

$$E_1 = q[a(V - C + K) + (1 - a)(V - C)] + (1 - q)[a(V - C) + (1 - a)(V - C)]$$

$$E_2 = q[b(V - S) + (1 - b)V] + (1 - q)[bV + (1 - b)V]$$

令 $E_1 = E_2$，基金管理公司选择最优的违法经营概率为：

$$q^* = \frac{C}{aK + bS}$$

同样地，给定监管者选择监管的概率为 p 的情况下，基金管理公司选择的违法经营的期望收益 E_3 和守法经营的期望收益 E_4 为：

$$E_3 = p[a(W - D) + (1 - a)(W + G)] + (1 - p)[b(W - D) + (1 - b)(W + G)]$$

$$E_4 = p[aW + (1 - a)W] + (1 - p)[bW + (1 - b)W]$$

令 $E_3 = E_4$，监管者选择最优的监管概率为：

$$p^* = \frac{G - bD - bG}{aD + aG - bD - bG}$$

根据上述分别对监管者和新农村养老保险基金管理公司的混合策略分析，可以得出二者博弈的混合策略纳什均衡为：（$q^* = \dfrac{C}{aK + bS}$，$p^* = \dfrac{G - bD - bG}{aD + aG - bD - bG}$）。

（四）结果分析和结论

新农保基金管理机构与运营机构监管博弈的纳什均衡与监管者基金管理机构的成本 C、基金管理机构监管且抓获运营机构违法经营所获得的奖励 K、基金管理机构玩忽职守受到的惩罚 S、基金运营机构违法经营的额外收益 G、基金运营机构违法经营成本 D 以及管理机构发现违规经营行为概率 a 和群众对基金管理机构玩忽职守行为的举报概率 b 有关。新农保基金运营管理监管效果取决于监管机构和运营机构的行为选择，即基金运营机构有选择违法经营的可能，基金管理机构有渎职、玩忽职守的动机。需要通过上述支持矩阵，分析监管者与被监管者的支付效用，对其施加影响，减少管理机构的渎职行为和运营机构的违规行为，从而实现新农保基金运营的有效监管，保证新农保基金的安全和保值增值。

1. 加大基金运营机构违法经营的成本

加重处罚即使 D 上升到 E_1，在监管者保持混合政策不变的情况下，基金运营机构违法经营的期望收益会小于守法经营的期望收益。因此，在短期中基金运营机构会暂停违法经营，这样则刺激监管者提高不监管的概率。而监管者渎职概率的提高又会使基金运营机构违法经营的期望收益大于守法经营的期望收益，因此，基金运营机构又倾向于增加选择违规策略的概率。新的均衡下，基金运营机构的最优策略 $q^* = \dfrac{C}{aK + bS}$（$q_1^* = q^*$），监管者的最优策略 $p^* = \dfrac{G - bD_1 - bG}{aD_1 + aG - bD_1 - bG}$（$p_1^* < p^*$）。由此可知，只要 K、S、C 和 a、b 保持不变，则加大基金运营机构违法经营的成本 D，在一定程度上能降低运营机构的违规经营行为，但从长期来看，又会产生基金监管机构的惰性，从而疏于采用监管行为，在一定程度上会抵消加大运营机构违法成本带来的风险控制效果。

2. 加大对监管者渎职行为的处罚

加重对监管者不监管的渎职行为的处罚 S 或者加大对监管者的激励 K 使 S 上升到 S_1 或者使 K 上升到 K_1，在基金运营机构保持策略不变的情况下，监管者不监管的期望效用将小于监管的期望效用，因此，监管者会选择监管策略。面对基金监管机构的监管，基金运营机构短期内必然会选择守法经营，而出于对非法额外利益的追求，长期内仍然会选择混合策略，但不得不尽量减少违规行为，从而使违规行为的概率降到 q_1^*，同样地，双方重新达到混合策略的均衡。在新的均衡下，基金运营机构的最优策略 $q^* = \dfrac{C}{aK + bS_1}(q_1^* < q^*)$ 或者 $q^* = \dfrac{C}{aK_1 + bS}(q_1^* < q^*)$，监管者的最优策略 $p^* = \dfrac{G - bD - bG}{aD + aG - bD - bG}(p_1^* = p^*)$。可见，加重对监管机构玩忽职守不监管行为的处罚，不论从短期还是长期来看，都能够促使监管机构履行职责，从而有效地控制和减少基金运营机构违法经营的行为。

3. 降低监管的成本

将 C 降低到 C_1，这样在基金运营机构策略不变的情况下，监管者选择监管的期望收益大于不监管的收益，此时监管者积极监管。在监管者提高监管的概率下，基金运营机构选择违法经营的收益将小于原来的收益，面对基金监管机构的监管，基金运营机构短期内必然会选择守法经营，而出于对非法额外利益的追求，长期内仍然会选择混合策略，但不得不尽量减少违规行为，从而使违规行为的概率降到 q_1^*，同样地，双方重新达到混合策略的均衡。新的均衡下，基金运营机构的最优策略 $q^* = \dfrac{C_1}{aK + bS}(q_1^* < q^*)$，监管者的最优策略 $p^* = \dfrac{G - bD - bG}{aD + aG - bD - bG}(p_1^* = p^*)$。监管机构的监管成本，无论从短期还是长期来看，都能提高监管机构认真监管的积极性，从而有效地控制和减少基金运营机构违法经营的行为。由于非现场的监管可以降低监管成本，监管的手段应以低成本的非现场监督为主。

4. 提高监管者的监管效率或者提高社会公众的有效监督

在监管活动中往往由于监管水平不高、职业环境差、职业道德水平差等原因使得即便监管者选择监管，基金运营机构违法经营却没有被发现。因此，提高监管机构的监管效率对实现新农保基金运营监管目的具有重要的影响。提高监管效率可以从加强组织领导、明确岗位分工、提高实施监管业务人员的素质等方面着手，来实现监管的目的。

社会公众对监管者和基金运营机构形成一个外部监督机制。如果监管者的监管效率可以提高，即 a 提高到 a_1。在新的均衡下，基金运营机构的最优策略 $q^* = \dfrac{C}{a_1 K + bS}(q_1^* < q^*)$，监管者的最优策略 $p^* = \dfrac{G - bD - bG}{a_1 D + a_1 G - bD - bG}(p_1^* < p^*)$。由此可知，在长期情况下，基金运营机构违法经营的概率和监管者的监管概率都会有所下降。大众的监管效率上升可以达到同样的效果，因此要实行信息公开定期向社会发布新农村养老保险基金运营管理的基本状况，接受全社会范围的监督，同时鼓励社会舆论对新农村养老保险基金的运营进行监管。

第五节　新型农村社会养老保险基金运营管理风险控制机制

一、加强立法，为控制委托—代理风险提供法律保障

目前我国针对新农保制度规范性文件只有国务院颁布的《指导意见》及各试点地方政府制定的相应的实施办法。而《指导意见》对新农保基金的监管只是做了原则性规定，地方政府制定的实施办法多注重操作性的规定，对监管的规定也十分模糊，新农保基金的监管基本还处于无法可依的状态。因此，面对新农保基金管理运营的复杂的委托—代理关系，人力资源和社会保障部门履行监管职能更为复杂和困难，约束效力差。因此，有必要建立完善的农村社会养老保险基金监管法律体系，以保证监管部门在新农保基金管理的两层委托—代理链中有效地实施监管职能。目前我国《社会保险法》已进入立法程序，因此，可以上位法《社会保险法》为基

础，加快《农村社会养老保险基金监督管理条例》的立法步伐，并制定相关的行政法规和部门规章，构建完善的新农保基金的监管法律体系。从而建立规范的新农保基金监管的法律制度，明确基金监管机构的法律地位和监管职责，明确委托—代理链中各方主体的权利和义务，从而控制新农保基金管理中的委托—代理风险，确保基金管理运营过程中的安全。

二、建立新农保基金运营机构的市场准入和退出制度

新农保基金第一层次的所有权委托—代理关系中，受托人一般由政府指定的经办机构担任。为实现农保基金的保值增值，需要对其进行市场化运营，从而形成了第二层次的经营权委托—代理关系。市场化运营要求对受托的运营机构设立严格的准入制度和退出制度，以有效控制委托—代理风险。❶

承担新农保基金营运机构应是具有较强实力的专业金融机构。基金管理机构应对运营机构的资产规模、资信等级、财务状况等条件加以限定，只有通过遴选的符合条件的专业金融机构，才可以参加新农保基金委托运营管理的招标竞争。另外，确保新农保基金的安全运营，还要建立新农保基金运营机构的市场退出机制，即承担运营任务的运营机构因为运营失误或其他原因不能实现基金的保值增值时，监管机构应对其运营活动加以调查和限制，甚至取消其运营资格。

三、建立严格的信息披露制度，提高新农保基金管理的透明度

信息不对称是新农保基金管理委托—代理风险产生的最重要因素，严格的信息披露制度将使基金管理中各级委托人和受托人等获得充分的信息，减少因不完全甚至虚假错误信息而导致的风险和损失。为提高新农保基金管理的透明度，控制委托—代理风险，应建立严格的新农保基金管理信息披露制度：第一，农村社会养老保险经办机构、托管机构定期向有关监管部门报告农村社会养老保险基金管理情况，披露有关信息，并保证信息的真实性、完整性，使监管者可以随时了解整个基金收支运行情况。农

---

❶ 张广科. 社会保障基金：运行与监管［M］. 上海：上海财经大学出版社，2008.

118

民也可以借助网络，方便快捷地获取个人信息及相关信息。第二，新农保基金运营机构作为经营权的代理人，必须及时向参保农民、委托机构披露有关基金投资运营的成本、效益及其他重大事项。通过信息披露，将新农保基金的管理运营置于监管机构和基金持有人的双重监督之下，从而有效防止各级代理人违规操作，损害基金持有人的利益。另外，农村社会养老保险应加强信息化平台建设，努力提高农村社会保险基金监管信息化水平，构建起县、乡、社区（村）三级信息网络，实现农村社会养老保险业务的全程信息化，从而为信息披露机制的构建提供有效的物质保障。❶

四、建立科学有效的激励机制，控制各级代理人的行为风险

在委托—代理关系中，委托人与代理人的信息不对称是客观存在的，代理人拥有信息优势，出于"经济人"的利益最大化，代理人更可能为自己的利益而为代理行为，而可能给委托人带来利益损害。因此，为了促使各级代理人为了委托人的利益而尽自己最大的努力，必须通过建立相应的激励机制，使得代理人在追求自身利益最大化的动机支配下，选择符合委托人利益的行动。2007 年诺贝尔经济学奖得主赫维茨在研究机制设计理论时提出了"激励相容"这一重要的概念。即在制度或规则的设计者不了解所有个人信息的情况下，设计者所要掌握的一个基本原则，就是所制定的机制能够给每个参与者一个激励，使参与者在最大化个人利益的同时也达到了所制定的目标。❷

因此，为实现激励相容，消除委托—代理风险，就要设立相应的机制，使新农保基金各级代理人与委托人的利益一致。代理人的报酬与业绩直接挂钩的薪酬制度是一种有效地实现激励相容的机制，它促使代理人在追求自身利益最大化的动机支配下，选择符合委托人利益的行动。新农保基金代理人的薪酬制度可以设定为：一是尝试改变所有权受托人新农保经办机构的旱涝保收的薪酬制度，给予经办机构农保基金利润一定的剩余索

---

❶　刘瑞莲. 加强新型农村社会养老保险基金监管的必要性和对策分析［J］. 科技情报开发与经济，2009，19（29）：103 – 104.

❷　朱慧. 机制设计理论——2007 年诺贝尔经济学奖得主理论评介［J］. 浙江社会科学，2007（6）：188 – 191.

取权，从而充分调动经办机构行使管理职能的积极性，改变其漠视农保基金盈亏状况的状态。二是对经营权代理人基金运营机构采取与绩效挂钩的累进分成制的办法来计发新农保基金运营机构的报酬。《全国社会保障基金投资管理暂行办法》规定的"社保基金投资管理人提取的委托资产管理手续费的年费率不高于社保基金委托资产净值的1.5%。理事会可在委托资产管理合同中规定对社保基金投资管理人的业绩奖励措施"，就属于收入分享的补偿方案。新农保基金可参照这一规定，对基金运营机构采取累进分成制的薪酬制度。通过薪酬与业绩挂钩的激励机制的构建，使新农保基金各级代理人与委托人的利益趋向一致，大大降低了新农保基金管理过程中产生道德风险的可能性。因为如果各级代理人在新农保基金运营过程中产生道德风险，那必然会影响新农保基金的收益，在薪酬与业绩挂钩的制度下，代理人因产生道德风险而获得的收益又被薪酬的减少抵消了，从而大大削弱了各级代理人产生道德风险的动力。另外，薪酬与业绩挂钩，势必促使各级代理人加强自身管理，努力提高效率，通过新农保基金的最大利益来实现自身利益的最大化。由此委托—代理风险得以控制，实现了委托人的利益最大化。

五、建立多层次的监督机制，实现有效的多方协同监管

（一）政府监督

政府作为公共权力的代表，具有对新农保基金管理进行监督的职责。❶ 政府应做好以下几方面的监督工作：第一，要加快新农保基金管理的法律法规的制定，为监管机构履行监管职责提供法律保障；第二，理顺新农保基金管理体系，理顺基金管理各主体的关系，并明确各主体在行政事务性管理和运营业务性管理事项中的职权划分；第三，人力资源和社会保障部门作为具体执行监管职能的政府机构，应对各级代理人的行为进行监管，控制逆向选择和道德风险的产生，以确保基金的安全。一是应重点监控新农保经办机构的道德风险，防止其为实现自身利益而置基金的安全于不顾；二是要严格监督基金运营机构及其代理人的行为，谨防其违规操作，损害基金利益。

---

❶ 林毓铭. 社会保障管理体制 [M]. 北京：社会科学文献出版社，2006.

（二）中介服务机构的监督

新农保基金中介服务机构是指为新农保基金管理提供服务的投资顾问公司、精算咨询公司、律师事务所、会计师事务所等专业机构，它们的主要职责就是对新农保基金管理机构的行为进行合法、合规检查。国际经验显示，依靠审计、会计、精算和信用评级机构等新农保基金中介服务机构及时而客观地提供有关资料，监管机构和参保农民就能比较全面地了解基金的运营情况，并及时采取相应的措施，从而有效防范新农保基金运营过程中的道德风险。❶ 在我国，审计、会计、精算和信用评级机构等新农保基金中介服务机构是新农保基金监管体系不可或缺的组成部分，它们是进行非政府监管的主体力量。

（三）新闻舆论监督

新闻舆论在一定程度上能促使信息更为公正、透明，对新农保基金管理的两级代理人农保经办机构和运营管理机构构成巨大压力，迫使其放弃产生逆向选择风险和道德风险的动机，从而降低新农保基金的损失，保证新农保基金的安全。

六、小结

本章立足于我国现实情况，通过对国外社会养老保险基金运营管理模式进行比较分析，提出我国新农保基金应采用委托—代理运营管理模式，并分析了新农保基金委托—代理关系和构建了新农保基金委托—代理运营管理模型。

由于新农保基金管理机构与运营机构之间存在利益目标不一致、信息不对称、监督失效等问题，新农保基金委托—代理运营管理存在着逆向选择风险和道德风险，因此有必要构建相应的激励机制和监管机制，对新农保基金运营管理风险加以控制，以保证基金的安全有效运营。

委托—代理一般激励模型以代理任务的收益为单一目标，但新农保基金作为农民的"养命钱"，安全性也是其运营管理不可忽视的目标。因此，引入委托—代理一般激励理论，构建新农保基金安全与收益的双任务激励模型并推导出激励系数。基金管理机构通过选择一定的激励系数来设

---

❶ 张郧. 养老保险基金风险预警组织机构的设计构想 [J]. 湖北社会科学, 2011 (4)：58 - 60.

计有效的激励机制，激励运营机构提高努力水平，保证新农保基金的安全和增值。

新农保基金管理机构与基金运营机构之间存在监管与反监管的关系，两者的选择是双方行为方式相互作用的对策及均衡问题，是一个博弈的过程。运用博弈论分析工具，对新农保基金运营管理主体间的博弈行为进行分析，构建相应的博弈监管模型并求得两者的策略均衡。得出应加大运营机构违法经营成本、加大对监管者渎职行为的处罚以及降低监管成本的结论。

通过上述的分析，总结得出新农保基金运营管理风险控制的一系列措施，包括加强立法，为控制委托—代理风险提供法律保障；建立运营机构的市场准入和退出机制；建立严格的信息披露制度；建立有效的激励机制；建立多层次的监督机制，多方协调监管，如政府监管、中介服务机构的监督、新闻舆论监督等。

第七章 研究结论与展望

第一节 研究结论

建立新型农村社会养老保险制度是为我国农村居民提供社会养老保险，促进社会保障制度改革的一项重要举措。新农保实行社会统筹和个人账户相结合的部分积累制筹资模式。随着该制度的推行特别是全面覆盖，新农民基金将积累到相当大的规模，这在客观上要求对其进行有效运营，以应对其将来养老支付需求。目前理论界对新农保基金运营的研究较少，实践中也缺乏运营尝试。本书立足于现实需求，对新农保基金的运营管理问题进行了一些有益的探索和研究。本书的主要研究工作及研究结论如下。

（1）新型农村社会养老保险与以往的农村养老保险制度最大的区别在于其体现了政府的出资责任，因此新农保基金的筹资结构具有特殊性。本书首先分析了新农保基金三方出资的筹资结构，梳理和比较分析了目前全国各地新农保基金的筹资结构，发现各地新农保基金的中央财政补贴以及地方政府补贴是有国家政策和地方政策保障的，而对于集体补助没有硬性的规定，农民的缴费标准的设定各地的差异性较大；其次总结了新农保筹资机制具有农民参保自愿、缴费标准弹性以及基础养老金和个人账户相结合模式等优点，但也存在中央政府基础养老金补贴标准划分不合理、中西部地区财政紧缺和集体补助缺乏硬约束等不足，提出应分别采取按经济发展水平划分中央补贴标准、根据地方政府能力制定相对灵活的地方财政补贴标准和硬性要求集体经济对农民缴费提供补助等完善措施；最后运用公共产品理论和产权理论对新农保基金的账户性质和产权结构进行分析，新农保基金中的基本养老金属统筹账户，由政府财政全额供款，具有明显的公共产品属性。新农保基金中的个人账户部分是政府把制度安排作为公共产品，把农民个人缴费作为私人产品结合起来的准公共产品。基础养老金属现收现付的社会统筹账户，不涉及账户转移、继承等产权归属问题。个人账户资金，包括政府补贴部分属农民个人所有，个人账户资金的运营收益亦归农民所有。

（2）结合我国东北地区、东部地区、中部地区和西部地区四大区域的经济社会发展的现实数据分析了中央政府、地方政府和农民个人的出资能力，得出各区域的中央政府、地方政府和农民个人有能力支撑新农保的发展的结论。同时，具体分析了新农保基金存在的筹资风险和运营风险。筹资风险主要包括集体补助缺失、部分农民参保能力不足和参保意愿不高。运营风险主要包括市场风险、通胀风险、运营机制风险和运营主体风险。市场风险指因商品价格、股票价格、利率、汇率等的变动而导致价值未预料到的潜在损失的风险。通胀风险指的是新农保基金面临的由于物价上涨而可能遭受的损失。运营机制风险主要指新农保的有关规定或机制设置给其有效运营带来的阻碍。运营主体风险主要指因为道德缺失或者是能力的不足而给新农保基金运营带来的损失。这些运营风险，凸显了对新农保基金进行有效运作的必要性。

（3）结合人口老龄化的背景和新农保基金的安全性要求以及目前新农保基金投资运营的现状，以实现新农保基金的保值增值为目的，提出了新农保的四方合作模式和消极化证券组合投资模式。首先，通过引入资产建设理论构建的四方合作模式将政府部门、农村银行、商业保险公司和农户有机结合起来，并且充分发挥了农民的自主性。该模式解决了农村资金匮乏问题，促进了农村经济发展；而且为商业银行与保险公司拓展了业务，减轻了政府部门的基金运营负担；最重要的是开拓了新农保基金的一条新型运营渠道，提高了新农保基金的运营效率，更好地实现了基金的保值增值。其次，消极化证券组合投资充分利用了证券市场这一广阔而有效的投资平台，将新农保基金的盈利性原则和安全性原则很好地结合在一起。该模式先运用 APT 模型对市场指数组合包含的股票进行进一步优选，并将选出的股票与银行存款和国债按不同比例组合成新农保基金的投资产品。然后又根据 APT 模型分析了这些投资产品的系统风险与非系统风险，在此基础上论述了新农保基金投资证券市场的可行性，并提出了相应的风险应对措施。总之，要实现新农保基金的保值增值目标，必须扩充投资渠道，构建一些创新型运营模式，并在具体的运作过程中实施有效的监管，不断提高运营的效率。

（4）通过对国际养老保险基金运营管理模式的比较分析，得出委托—代理是新农保基金运营管理的最优模式的结论。进一步分析新农保基金运营的委托—代理关系，认为由于新农保基金管理机构与运营机构之间存在利益目标不一致、信息不对称、监督失效等问题，新农保基金运营管理同样面临道德风险和逆向选择风险，需要加以监管和控制。一方面，引入委托—代理理论，基于新农保基金对安全性和保值增值的要求，构建双任务最优激励模型，在赋予代理运营机构安全和收益两项任务的条件下，对其进行最优激励。另一方面，运用博弈论分析工具，分析新农保基金管理各主体间的博弈行为，构建相应的博弈监管模型并求得两者的策略均衡，得出应加大运营机构违法经营成本、加大对监管者渎职行为的处罚以及降低监管成本的结论。最后提出新农保基金运营管理的风险控制措施，包括加强立法，为控制委托—代理风险提供法律保障；建立运营机构的市场准入和退出机制；建立严格的信息披露制度；建立有效的激励机制；建立多层次的监督机制，多方协调监管等。

第二节　研究展望

由于作者知识水平和研究条件的限制，本书的研究工作还存在许多不足之处，有待进一步的深入研究，主要表现在以下两个方面。

（1）由于新农保制度还在逐步推行阶段，全国各地新农保的实施情况很不统一，因此数据的来源、统计口径等存在不统一的现象，一些数据很不完整。数据的分散和不完整对基金的筹资现状及基金风险的研究造成了一定的困难，需要在进一步的研究中继续收集相关数据加以完善。

（2）在对新农保基金运营管理以及风险控制的研究部分，构建了相应的激励机制和监管博弈模型。但由于目前新农保的投资运营方式主要限于存入银行和购买国债，基本上没有实际运营。由于缺乏新农保实际运营的数据，没有对建立的模型进行实证检验，需要进一步收集数据对模型进行实证检验，以验证模型的合理性和可行性。

参考文献

[1] Aaron, H.. The Social Insurance Paradox [J]. Canadian Journal of Economics, 1996, 32 (3).

[2] Aaron, H. J., Reishauer, R. D.. Countdown to Reform [M]. New York, Century Foundation Press, 1998.

[3] Auerbach, A. J., Kotlikoff, L. J., Hagemann, R., Nicoletti, G.. The Dynamics of an Aging Population: The Case of Four OECD Countries [R]. NBER Working Paper, 1989.

[4] Barr, N.. Reforming Pensions Myths, Truth, and Policy Choices [J]. International Social Security Review, 2000 (55).

[5] Bateman, H., Olivia S. M.. New Evidence on Pension Plan Design and Administrative Expense [J]. PRC WP 2002 (10).

[6] Bellettini, G., Ceroni C. B.. Social Security Expenditure And Economic Growth: An Empirical Assessment [J]. Research in Economics, 2000 (54).

[7] Blake, D.. Issues in Pension Funding, Routledge [J]. London and New York, 1992 (56).

[8] Blommestein, H.. Ageing, Pension Reform and Financial Market Implication in the OECD Aerea [R], Working Paper, OECD, 2001.

[9] Bodie, Z.. Pension Funds and Financial Innovation [J]. Financial Management Autumn, 1990.

[10] Carmichael, J., Palacios, R. A Framework for Public Pension Fund Management [C] //The Conference of Public Pension Fund Management. World Bank Publications, 2004.

[11] Chand, Sheetal K., Jaeger, A.. Aging Population and Public Pension Schemes [R]. Occasional Paper No 147 (Washington IMF), 1996.

[12] Coase, R. H.. The problem of social cost [J]. The Journal of Law and Economics, 1960 (3).

[13] Davis, P. E.. Pension Funds – Retirement – Income Security, and Capital Market—an International Perspective [M]. Oxford, Clarendon Press, 1995.

[14] Eatwell, J., Elmann, M., Karlsson, M., et al.. Hardbudgets [R]. Soft States London Institute for Public Policy Research, 2000.

[15] Feldstein, M., Liebman, J. B.. Social Security [J]. Handbook of Public Economics, 2001 (4).

[16] Feldstein, M., Ranguelova, E., Samwick, A.. The Transition to Investment—Based Social Security When Portfolio Returns and Capital Profitability Are Uncertain [R]. NBER Working Paper, 1999.

[17] Feldstein, M.. Social Security, Induced Retirement, and Aggregate Capital Accumulation [J]. Journal of Political Economy, 1974, 82 (5).

[18] Giancarlo, C., Schmidt – Hebbel, K.. Pension Reform and Growth [R]. PBD Working Paper, the World Band, Washington, DC, 1995.

[19] Hess, D., Impavido, G.. Govermance of Public Pension Funds. Lessons from Corporate Govermance and International Evidence [J]. Public Pension Fund Management, 2004.

[20] Holmstorom, B.. Moral Hazard in Teams [J]. The Bell Journal of Economics, 1982, 13 (2).

[21] Holzmann, R.. Pension Reform Financial Market Development and Economic Growth Preliminary Evidence from Chile [J]. the IMF Staff Paper, 1997 (44).

[22] Holzmann, R.. The World Bank Approach to Pension Reform [J]. International Social Security Review, The World Bank, Washington, D. C., 2000 (53).

[23] Johnson K. M. J., Williamson J. B.. Do Universal Non – Contributory Old – Age Pensions Make Sense for Rural Areas in Low – Income Countries [J]. International Social Security Review, 2006, 59 (4).

[24] Mackenzie, G. A., Gerson, P., Cuevas, A.. Pension Regimes and

Saving ［R］. Occasional Paper Washington, DC, IMF. 1997.

［25］ Markowitz, H., Portfolio Selection ［J］. The Journal of Finance, 1952, 7 (1).

［26］ Orszag, P. R., Stiglitz, J. E.. Rethinking pension reform ten myths about social security systems. the conference on New Ideas About Old Age Security ［M］. The World Bank, Washington D. C., 1999.

［27］ Ross, S. A., The arbitrage theory of capital asset pricing ［J］. Journal of Economics Theory, 1976 (13).

［28］ Samuelson, Paul A.. An Exact Consumption Loan Model of Interest With or Without the Social Contrivance of Money ［J］. Journal of Political Economy,1958, 66 (6).

［29］ Sharpe, W. F., Capital asset prices – A theory of market equilibrium under conditions of risk ［J］. The Journal of Finance, 1964, 19 (3).

［30］ Timothy, B., Prat, A.. Pension Fund Govermance and the Chioce Between Defined Benefit and Defined Contrubution Plans ［R］. The Institute For Fiscal Studies WP 03/09, 2002.

［31］ Williamson, J. B., Pampel, F. C.. Old – Age Security in Comparative Perspective ［M］. OUP USA. 1993.

［32］ Zajicek, A. M., Calasanti T. M., Zajicek, E. K.. Pension Reforms and Old People in Poland：An Age, Class, and Gender Lens ［J］. Journal of Aging Studies, 2007 (21).

［33］ 陈美.制约新型农村社会养老保险基金筹集的因素分析 ［J］. 经济研究导刊, 2009 (32).

［34］ 程淑君, 张茜.完善新农保基金监管体系的设想 ［J］. 经济研究导刊, 2011 (26).

［35］ 邓大松, 薛惠元.新农保财政补助数额的测算与分析——基于2008年的数据 ［J］. 江西财经大学学报, 2010 (2).

［36］ 邓大松, 薛惠元.新型农村社会养老保险制度推行中的难点分析——兼析个人、集体和政府的筹资能力 ［J］. 经济体制改革, 2010 (1).

［37］ 董关岭.采用新型商业社保模式破解新农保问题 ［J］. 现代物业：现代物业中旬刊, 2010, 9 (2).

[38] 段秀萍，谭静.农村养老保险基金投资组合比例的探讨［J］.农村经济与科技，2007（1）.

[39] 封铁英，董璇.以需求为导向的新型农村社会养老保险筹资规模——基于区经济发展差异的筹资优化方案设计［J］.中国软科学，2012（1）.

[40] 封铁英，李梦伊.新型农村社会养老保险基金收支平衡模拟与预测——基于制度风险参数优化的视角［J］.公共管理学报，2010，7（4）.

[41] 国务院.国务院关于开展新型农村社会养老保险试点的指导意见［Z］.2009.

[42] 胡宏伟，蔡霞，石静.农村社会养老保险有效需求研究——基于农民参保意愿和缴费承受能力的综合考察［J］.经济经纬，2009（6）.

[43] 胡继晔.社会保险基金监管博弈分析［J］.管理世界，2010（10）.

[44] 惠恩才.加强农村养老保险基金管理与风险控制的建议［J］.经济研究参考，2011（54）.

[45] 加雷斯·D.迈尔斯.公共经济学［M］.匡小平，译.北京：中国人民大学出版社，2001.

[46] 贾宁，袁建华.基于精算模型的"新农保"个人账户替代率研究［J］.中国人口科学，2010（3）.

[47] 黎民.公共管理学［M］.北京：高等教育出版社，2009.

[48] 李绍光.深化社会保障改革的经济学分析［M］.北京：中国人民大学出版社，2006.

[49] 李升，薛兴利.新型农村社会养老保险筹资主体利益均衡的博弈分析［J］.生产力研究，2012（1）.

[50] 林义.社会保险基金管理［M］.北京：中国劳动社会保障出版社，2007.

[51] 林毓铭.社会保障管理体制［M］.北京：社会科学文献出版社，2006.

[52] 林源.我国新型农村社会养老保险基金筹集机制研究［J］.统计与决策，2011（18）.

[53] 刘昌平，殷宝明.新型农村社会养老保险财政补贴机制的可行性研

究——基于现收现付平衡模式的角度［J］. 江西财经大学学报，2010（3）.

［54］刘昌平. 养老保险个人账户基金治理结构与监管模式研究［J］. 上海金融，2007（10）.

［55］刘昌平. 中国新型农村社会养老保险制度研究［J］. 保险研究，2008（10）.

［56］刘江军. 基本养老保险个人账户基金投资管理模式研究——基于产权视角的分析［J］. 国家行政学院学报，2011（5）.

［57］刘江军. 基本养老保险个人账户基金投资管理制度研究［M］. 武汉：武汉大学出版社，2010.

［58］刘钧. 养老保险基金投资运营的风险预警和防范［M］. 北京：清华大学出版社，2010.

［59］刘钧. 运行与监管：中国社会保障资金问题分析［M］. 北京：清华大学出版社，2003.

［60］刘瑞莲. 加强新型农村社会养老保险基金监管的必要性和对策分析［J］. 科技情报开发与经济，2009，19（29）.

［61］刘尚洪，闫薇然. 农村社会养老保险存在的问题及对策［J］. 沈阳农业大学学报：社会科学版，2010，12（5）.

［62］刘向红. 我国农村社会养老保险筹资模式的选择［J］. 金融经济，2006（10）.

［63］刘渝琳，杨先斌. 基于风险、收益双重任务委托—代理模型的养老保险基金投资营运管理［J］. 重庆大学学报：社会科学版，2006，12（3）.

［64］卢海元. 中国农村社会养老保险制度建立条件分析［J］. 经济学家，2003（5）.

［65］路军. 养老保险基金风险管理及可持续能力建设［J］. 江西财经大学学报，2006（1）.

［66］吕学静. 社会保障基金管理［M］. 北京：首都经济贸易大学出版社，2007.

［67］马忠. 我国农村社会养老保险证质押贷款模式选择［J］. 新疆财经，2008（1）.

［68］迈克尔·谢若登. 资产与穷人———一项新的美国福利政策［M］. 高

鉴国，译.北京：商务印书馆，2005.

[69] 孟娇.我国农村社会养老保险存在的问题及完善对策［J］.广东农业科学，2010（2）.

[70] 米红，冯磊.基于真实参保率的新型农村社会养老保险基金发展预测研究——以青岛市城阳区为例［J］.山东科技大学学报：社会科学版，2009，11（1）.

[71] 米红，王鹏.新农保制度模式与财政投入实证研究［J］.中国社会保障，2010（6）.

[72] 米红.我国新型农村社会养老保险制度推进的若干问题与对策建议［J］.中共浙江省委党校学报，2009（5）.

[73] 摩拉利达尔·A.S..养老基金管理创新［M］.沈国华，译.上海：上海财经大学出版社，2004.

[74] 彭扬华.中国农村养老保险基金筹集与增值问题研究［D］.湘潭：湘潭大学，2008（11）.

[75] 蒲勇健，刘渝琳.基于委托—代理理论的养老保险基金投资合同设计［J］.经济问题探究，2005（5）.

[76] 乔杨，王晓军.公共养老基金的委托—代理问题［J］.首都经济贸易大学学报，2007（1）.

[77] 任庆泰，赵泽洪.社保基金投资运营的风险控制［J］.劳动保障世界，2009（1）.

[78] 尚长风.PPP 模式在农村养老保险制度中的运用［J］.审计与经济研究，2006（2）.

[79] 尚长风.农村养老保险基金运作的创新模式研究［J］.当代经济科学，2008，30（3）.

[80] 孙璐.基于委托—代理理论的中国企业年金受托人激励模型分析［J］.软科学，2008，22（4）.

[81] 唐旭，Baljit，V.，杨辉生.中国养老基金的投资选择［J］.金融研究，2001（11）.

[82] 王保强.新型农村社会养老保险基金管理模式比较［J］.大众商务：月刊，2010（4）.

[83] 王斌会.多元统计分析及 R 语言应用［M］.广州：暨南大学出版社，2010.

［84］ 王广同.农村社会养老保险基金投资运营问题探讨［J］.安阳师范学院学报，2007（1）.

［85］ 王令耀.我国农村养老保险制度面临的困境及对策［J］.安徽农学通报，2006（11）.

［86］ 王文举.经济博弈论基础［M］.北京：高等教育出版社，2010.

［87］ 吴航，窦尔翔.新型农村社会养老保险制度的筹资机制创新探讨［J］.深圳大学学报：人文社会科学版，2009（3）.

［88］ 武萍.社会养老保险基金运行风险管理存在的问题及对策［J］.中国行政管理，2012（3）.

［89］ 肖燕娜.农村社会养老保险基金的保值增值途径研究［J］.福建农林大学学报：哲学社会科学版，2006，9（5）.

［90］ 谢和均.我国养老保险个人账户基金现状分析及对策建议［J］.经济问题探索，2011（3）.

［91］ 邢宝华，窦尔翔，何小锋.新型农村社会养老保险制度的金融创新［J］.东北财经大学学报，2007（7）.

［92］ 徐德印，丛晓峰.资产建设视角下的农民福利［J］.北京科技大学学报：社会科学版，2008，24（4）.

［93］ 薛惠元，王翠琴.“新农保”财政补助政策地区公平性研究——基于2008年数据的实证分析［J］.农村经济，2010（7）.

［94］ 阳义南.农村社会养老保险基金筹资机制改革的若干对策［J］.农业经济问题，2005（1）.

［95］ 杨翠迎，米红.农村社会养老保险：基于有限财政责任理念的制度安排及政策构想［J］.农林科技大学学报：社会科学版，2007（3）.

［96］ 杨德清，董克用.普惠制养老金——中国农村养老保障的一种尝试［J］.中国行政管理，2008（3）.

［97］ 杨莲秀.政府部门在社会保障制度中的定位和职责——基于公共产品理论［J］.财会研究，2008（20）.

［98］ 易锐.湖北省新型农村社会养老保险制度财政风险评估［J］.学术问题研究：综合版，2010（2）.

［99］ 张朝华.农户参加新农保的意愿及其影响因素——基于广东珠海斗门、茂名茂南的调查［J］.农业技术经济，2010（6）.

［100］张芳芳.论我国新型农村养老保险的筹资结构［J］.法制与社会，2010（17）.

［101］张芳芳.论我国新型农村养老保险的筹资结构［J］.法制与社会，2010（6）.

［102］张广科.社会保障基金：运行与监管［M］.上海财经大学出版社，2008.

［103］张海霞.我国新型农村社会养老保险制度构建——论新型农村社会养老保险政府保费补贴的作用效果［J］.经济理论与实践，2012（1）.

［104］张萍，张相文.金融创新与金融监管——基于社会福利性的博弈分析［J］.管理世界，2010（8）.

［105］张茜.新型农村社会养老保险基金管理模式探究［J］.经济研究导刊，2011（5）.

［106］张庆君，苏明政.新型农村社会养老保险基金筹集能力研究——基于辽宁省义县新农保试点的实证考察［J］.农村经济，2011（9）.

［107］张时飞.引入资产建设要素，破解农保工作困局——呼图壁县的经验与启示［J］.江苏社会科学，2005（2）.

［108］张思锋，杨潇.新型农村社会养老保险账户结构研究［J］.人文杂志，2012（1）.

［109］张维迎.博弈论与信息经济学［M］.上海：上海三联书店、上海人民出版社，1996.

［110］张维迎.公有制经济中的委托人—代理人关系：理论分析和政策含义［J］.经济研究，1995（4）.

［111］张伟，罗剑朝.陕西省新型农村社会养老保险基金预测研究［J］.金融经济：理论版，2011（3）.

［112］张五常.制度的选择［M］//张五常.经济解释卷三：制度的选择.香港：花千树出版社，2002.

［113］张郧.养老保险基金风险预警组织机构的设计构想［J］.湖北社会科学，2011（4）.

［114］张照贵.经济博弈与应用［M］.成都：西南财经大学出版社，2006.

［115］赵殿国.积极推进新型农村社会养老保险制度建设［J］.经济研究

参考，2008（32）.

[116] 赵燕妮.新型农村社会养老保险筹资主体缴费能力分析［J］.农业经济，2011（11）.

[117] 赵燕妮.新型农村社会养老保险基础养老金发展预测［J］.统计与决策，2011（5）.

[118] 中国农村养老保险证质押贷款研究课题组.养老保险和农村金融双赢的制度安排——新疆呼图壁县养老保险证质押贷款研究［J］.东岳论丛，2008，29（7）.

[119] 周运涛.中国新农保基金管理制度研究——试点问题分析与制度完善构想［J］.广西经济管理干部学院学报，2010（4）.

[120] 朱富言，张维龙.全国社保基金运营模式分析与风险控制［J］.金融理论与实践，2008（1）.

[121] 朱慧.机制设计理论——2007年诺贝尔经济学奖得主理论评介［J］.浙江社会科学，2007（6）.

[122] 祝献忠.社保基金进入资本市场的风险收益实证分析［J］.中央财经大学学报，2008（6）.

附录1 全国各地新型农村社会养老保险筹资结构

项目 地区	中央政府补贴		地方政府补贴	集体补助	农民缴费标准
全 国	东部地区 55 元/月	中西部地区 27.5 元/月	≥每人 30 元/年缴费补助；对选择较高档次标准缴费的，可给予适当鼓励	有条件的村集体可自行确定对参保人缴费给予补助	100 元/年、200/年、300 元/年、400 元/年、500 元/年 5 个档次
北 京			280 元/月基础养老金补助，资金由市、区（县）财政共同筹集	有条件的村集体可自行确定对参保人缴费给予补助	采取按年缴费的方式缴纳。最低缴费标准＝本区（县）上一年度农村居民人均纯收入×10%
天 津					
河 北	55 元/月		每人 30 元/年缴费标准补贴。由省级政府和地方各级政府按 1∶1 的比例分担	有条件的村集体可自行确定对参保人缴费给予补助	100 元/年、200 元/年、300 元/年、400 元/年、500 元/年 5 个档次
山 西	国家试点 55 元/月	省级试点 0 元	市、县政府对参保人个人缴费给予补贴。最低补贴标准为：缴 100 元/年补 30 元，每增加一个档次，多补 5 元。省级试点由省级财政补贴基础养老金 55 元/月	有条件的村集体可自行确定对参保人缴费给予补助	100 元/年、200 元/年、300 元/年、400 元/年、500 元/年 5 个档次。各市、县可根据实际情况增设缴费档次，最高不超过 1000 元
内蒙古	55 元/月		最低缴费补贴标准为：缴 100 元/年补 30 元，每增加一个档次，多补 5 元 自治区政府 ／ 盟市、旗（市、区）政府 50% ／ 50%	有条件的村集体可自行确定对参保人缴费给予补助	100 元/年、200 元/年、300 元/年、400 元/年、500 元/年 5 个档次

续表

项目 地区	中央政府补贴	地方政府补贴		集体补助	农民缴费标准
辽宁	44 元/月	市、县两级财政补助基础养老金的 20%，其中市级财政至少补助 10%。 市、县政府给予 ≥30 元/年缴费补贴		有条件的村集体可自行确定对参保人缴费给予补助	100 元/年、200 元/年、300 元/年、400 元/年、500 元/年 5 个档次
吉林	55 元/月	省及试点县（市、区）政府对参保人缴费给予补贴，补贴标准为：缴 100 元/年补 30 元，每增加一个档次，多补 5 元		有条件的村集体可自行确定对参保人缴费给予补助	100 元/年、200 元/年、300 元/年、400 元/年、500 元/年 5 个档次
		省政府	县（市、区）政府		
		60%	40%		
黑龙江	55 元/月	地方财政给予参保人定额缴费补贴。补贴标准为：缴 100 元/年补 30 元，每增加一个档次，多补 5 元。对选择 500 元以上档次缴费的，省级财政不再给予补贴		有条件的村集体可自行确定对参保人缴费给予补助。原则上补助每名参保人每年最高不超过 1000 元，对每名参保人的累计补助不超过 4 万元	100 元/年、200 元/年、300 元/年、400 元/年、500 元/年 5 个档次。各市、县可根据实际情况增设缴费档次，最高不超过 1000 元/年
		省级财政	县（市、区）财政		
		60%	40%		
上海		区县人民政府对参保人缴费给予补贴，具体为：缴 500 元/年的，补 200 元，每增加一个档次，多补 50 元		有条件的村集体可自行确定对参保人缴费给予补助。补助总额不超过相应年度个人年缴费标准的最高档次	500 元/年、700 元/年、900 元/年、1100 元/年、1300 元/年 5 个档次
江苏	基础养老金由中央财政、省财政和地方财政共同承担	30—50 元/年缴费补贴。 省政府和地方政府共同负担基础养老金		有条件的村集体可自行确定对参保人缴费给予补助	100 元/年、200 元/年、300 元/年、400 元/年、500 元/年、600 元/年 6 个档次

续表

项目 地区	中央政府补贴	地方政府补贴	集体补助	农民缴费标准
浙江		省财政按照省里确定的基础养老金最低标准,对一至六档地区分别给予 80%、72%、64%、48%、20% 和 10% 的补助。 参保人所在市、县(市、区)财政对参保人给予每人 30 元/年缴费补贴	有条件的村集体可自行确定对参保人缴费给予补助	100 元/年、200 元/年、300 元/年、400 元/年、500 元/年 5 个档次。 各地可按不低于上年农村居民人均纯收入或城镇居民人均可支配收入 5% 的额度,增设和调整缴费档次
安徽	55 元/月	≥30 元/年缴费补助 省级财政 / 地方各级财政 20 元 / ≥10 元	有条件的村集体可自行确定对参保人缴费给予补助	100 元/年、200 元/年、300 元/年、400 元/年、500 元/年 5 个档次
福建	27.5 元/月	省级财政根据各地不同财力状况,分别以 80%、60%、50% 的比例分档补助基础养老金。 30 元/年缴费补贴,根据各地不同财力状况,分别以 80%、60%、40%、20% 的比例进行分档补助	有条件的村集体可自行确定对参保人缴费给予补助	100 元/年、200 元/年、300 元/年、400 元/年、500 元/年、600 元/年、700 元/年、800 元/年、900 元/年、1000 元/年 1100 元/年、1200 元/年 12 个档次
江西	55 元/月	30 元/年缴费补贴 省财政 / 县(市、区)财政 负担 24 元 / 负担 6 元	有条件的村集体可自行确定对参保人缴费给予补助	100 元/年、200 元/年、300 元/年、400 元/年、500 元/年 5 个档次
山东	55 元/月 东部 / 中部 / 西部 40% / 60% / 80%	中央和省财政补助后剩余部分由市、县(市、区)政府负担	有条件的村集体可自行确定对参保人缴费给予补助	100 元/年、200 元/年、300 元/年、400 元/年、500 元/年 5 个档次
河南	55 元/月	≥30 元/年缴费补贴 省财政 / 省辖市财政 20 元 / ≥10 元	有条件的村集体可自行确定对参保人缴费给予补助	100 元/年、200 元/年、300 元/年、400 元/年、500 元 5 个档次

续表

项目 地区	中央政府补贴	地方政府补贴		集体补助	农民缴费标准
湖北	55 元/月	≥30 元/年缴费补贴		有条件的村集体可自行确定对参保人缴费给予补助	100 元/年、200 元/年、300 元/年、400 元/年、500 元/年 5 个档次
		省级财政	县（市、区）财政		
		20 元	≥10 元		
湖南	55 元/月	30 元/年缴费补贴		有条件的村集体可自行确定对参保人缴费给予补助	100 元/年、200 元/年、300 元/年、400 元/年 5 个档次。市州、县市区政府可根据当地情况，增设每年高于 500 元的缴费档次
		省政府	市州、县市区政府		
		20 元	10 元		
		有条件的市州、县市区可对每提高一个档次缴费的，增加 5 元的补贴，增加的补贴办法可由市州、县市区自行决定			
广东	27.5 元/月	≥30 元/年缴费补贴		有条件的村集体可自行确定对参保人缴费给予补助	100 元/年、200 元/年、300 元/年、400 元/年、500 元/年 5 个档次
		珠三角	东西两翼和粤北山区		
		市县财政负担	省财政补 10 元，市、县财政各补 10 元		
		各级财政共同负担基础养老金。珠江三角洲地区由市县财政负担 27.5 元；东西两翼和粤北山区由省财政补助 13.75 元，中央和省补助以外部分，由市、县（市、区）财政各负担一半			
广西	55 元/月	≥30 元/年，对选择较高档次标准缴费的，可给予适当鼓励		有条件的村集体可自行确定对参保人缴费给予补助	100 元/年、200 元/年、300 元/年、400 元/年、500 元/年 5 个档次

续表

项目 地区	中央政府补贴		地方政府补贴	集体补助	农民缴费标准
海　南	55元/月		缴100元/年补贴30元，每增加一个缴费档次另多给予不少于5元的补贴。省财政与海口市、三亚市财政按4：6，省与文昌市、保亭县财政按6：4的比例分担	有条件的村集体可自行确定对参保人缴费给予补助。补助和资助的最高限额为当年最高缴费标准的3倍	100元/年、200元/年、300元/年、400元/年、500元/年、800元/年、1000元/年7个档次
重　庆				有条件的村集体可自行确定对参保人缴费给予补助	200元/年、400元/年、600元/年、900元/年4个档次
四　川	东部地区 27.5元/月	中西部地区 55元/月	地方政府应当对参保人给予每人30/年的缴费补贴，对选择较高档次标准缴费的，可给予适当鼓励	有条件的村集体可自行确定对参保人缴费给予补助	100元/年、200元/年、300元/年、400元/年、500元/年5个档次
贵　州	55元/月		30元/年缴费补贴 省级财政 ／ 市（州、地）财政 ／ 县级财政 10元 ／ 10元 ／ 10元	有条件的村集体可自行确定对参保人缴费给予补助	100元/年、200元/年、300元/年、400元/年、500元/年、600元/年、700元/年、800元/年8个档次
云　南	55元/月		省人民政府对参保人给予30/年元缴费补贴。在此基础上，州（市）、县（市、区）人民政府可自行承担，适当提高缴费补贴	有条件的村集体可自行确定对参保人缴费给予补助	100元/年、200元/年、300元/年、400元/年、500元/年5个档次
西　藏	55元/月		30元/年缴费补贴 自治区财政 ／ 地（市）财政 ／ 县财政 80% ／ 10% ／ 10%	有条件的村集体可自行确定对参保人缴费给予补助	100元/年、200元/年、300元/年、400元/年、500元/年5个档次

续表

项目 地区	中央政府补贴	地方政府补贴				集体补助	农民缴费标准
陕 西	55元/月	≥30元/年缴费补贴				有条件的村集体可自行确定对参保人缴费给予补助	100元/年、200元/年、300元/年、400元/年、500元/年 5个档次
		100元/年和200元/年	300元/年	400元/年	500元/年		
		30元	40元	45元	50元		
		省、市县财政承担各50%					
甘 肃	55元/月	省级财政负担30元/年缴费补贴				有条件的村集体可自行确定对参保人缴费给予补助	100元/年、200元/年、300元/年、400元/年、500元/年 5个档次
青 海	55元/月	缴100元/年，补贴30元；每增加一个档次，多补贴5元				有条件的村集体可自行确定对参保人缴费给予补助	100元/年、200元/年、300元/年、400元/年、500元/年 5个档次

附录2 各地新型农村社会养老保险待遇及基金运营模式

地区	基础养老金	个人账户	继承	基金运营模式
全 国	55元/月,对于长期缴费的农村居民,可适当加发基础养老金,提高和加发部分的资金由地方政府支出	个人账户养老金的月计发标准=个人账户全部储存额÷139	参保人死亡,个人账户中的资金余额,除政府补贴外,可以依法继承	新农保基金纳入社会保障基金财政专户,实行收支两条线管理、单独记账、核算,按有关规定实现保值增值。试点阶段,新农保基金暂实行县级管理,随着试点扩大和推开,逐步提高管理层次;有条件的地方也可直接实行省级管理
北 京	280元/月,基础养老金所需资金由市、区(县)财政共同筹集	个人账户养老金的月计发标准=个人账户全部储存额÷139	参保人员在缴费期间死亡的,其个人账户全部资金一次性退给其法定继承人或指定受益人	新型农村社会养老保险基金纳入区(县)财政专户,以区(县)为单位核算和管理。区(县)财政部门应设立专门账户,对本区(县)新型农村社会养老保险基金进行管理,专款专用
天 津	无	无	无	无
河 北	55元/月,试点县(市、区)对缴费年限超过15年的参保人可适当加发地方基础养老金,所需资金由试点县(市、区)政府支出	个人账户养老金的月计发标准=个人账户全部储存额÷139	参保人死亡的,个人账户中的资金余额,除政府补贴外,可以依法继承;政府补贴余额用于支付其他参保人的养老金	新农保基金纳入社会保障基金财政专户,实行收支两条线管理、单独记账、核算,按有关规定实现保值增值。目前新农保基金暂实行县级管理,随着试点扩大和推开,适时实行省级管理
山 西	55元/月	个人账户养老金的月计发标准=个人账户全部储存额÷139	参保人身故的,个人账户中的资金余额,除政府补贴外,可以依法继承	新农保基金纳入社会保障财政专户,实行收支两条线管理、单独记账、核算,按有关规定实现保值增值。试点阶段新农保基金暂实行县级管理,待新农保制度覆盖全省大部分地区时再实行省级管理

续表

地区	基础养老金	个人账户	继承	基金运营模式
内蒙古	55 元/月	个人账户养老金的月计发标准＝个人账户全部储存额÷139	参保人员死亡，个人账户中的资金余额，除政府补贴外，可以依法继承	新型农村牧区社会养老保险基金纳入社会保障基金财政专户，实行收支两条线管理，单独记账、核算，按有关规定实现保值增值
辽 宁	55 元/月，对于长期缴费的农村居民，可适当加发基础养老金	个人账户养老金的月计发标准＝个人账户全部储存额÷139	参保人死亡，个人账户中的资金余额（本息合计）外，一次性支付给其法定继承人或指定受益人	新农保基金纳入社会保障基金财政专户，实行收支两条线管理，单独记账、核算，按国家有关规定实现保值增值。试点阶段，新农保基金暂实行县级管理，随着试点扩大和推开，逐步提高管理层次；有条件的地方也可直接实行市级管理
吉 林	55 元/月	个人账户养老金的月计发标准＝个人账户全部储存额÷139	参保人死亡，个人账户中的资金余额，除政府补贴外，可以依法继承	设立新农保基金专户，实行收支两条线管理，单独记账、核算，按有关规定实现保值增值。新农保基金暂实行县（市、区）级管理，随着试点扩大，逐步提高管理层次
黑龙江	55 元/月	个人账户养老金月领取额＝参保人60 周岁时个人账户全部储存额÷139	参保人死亡的，其法定继承人或指定受益人应在参保人死亡1 个月内到当地经办机构办理养老保险终止手续。个人账户资金除政府补贴外的余额一次性支付给其法定继承人或指定受益人	试点阶段，新农保基金以县（市、区）为单位进行管理，基础养老金和个人账户养老金实行分账管理，并逐步提高统筹层次。新农保基金纳入社会保障基金财政专户，专款专用，实行收支两条线管理，单独记账、核算，并按有关规定实现保值增值
上 海	缴费年限满15 年的参保人，基础养老金为每人每月 300 元；缴费年限不满15 年的参保人，基础养老金为每人每月 135 元。其中，年满 65 周岁及以上的，基础养老金为每人每月 155 元	个人账户养老金的月计发标准＝个人账户全部储存额÷139	参保人死亡的，其个人账户中的资金余额，除政府补贴外，可以按国家有关规定继承	本市新型农村社会养老保险基金实行区县级管理，纳入区县社会保障基金财政专户，实行收支两条线管理，单独记账、核算，按照有关规定实现保值增值

续表

地区	基础养老金	个人账户	继承	基金运营模式
江　苏	≥60 元/月	个人账户养老金的月计发标准＝个人账户全部储存额÷139	参保人死亡，个人账户中的资金余额，除政府补贴外，可以依法继承	建立健全新农保基金财务会计制度。新农保基金纳入社会保障基金财政专户，实行收支两条线管理，单独记账、核算，按有关规定实现保值增值。目前新农保基金实行县级管理，条件成熟时实行省级管理
浙　江	≥60 元/月	个人账户养老金的月计发标准＝个人账户全部储存额÷139	参保人死亡后，其个人账户中的资金余额，除政府补贴外，可以依法继承	养老保险基金以市、县（市、区）为单位，纳入同级社会保障基金财政专户，实行收支两条线管理，单独记账、核算，专款专用，并按有关规定实现保值增值
安　徽	55 元/月	个人账户养老金的月计发标准＝个人账户全部储存额÷139	参保人死亡后个人账户资金余额，除政府补贴外，由法定继承人或指定受益人一次性领取	新农保基金按照规定纳入社会养老保险基金财政专户，实行收支两条线。按有关规定实现保值增值、定期结息。在目前试点阶段，新农保基金暂实行县级管理，随着试点扩大和推开，逐步提高管理层次
福　建	55 元/月，对于长期缴费的农村居民，可适当加发基础养老金	个人账户养老金的月计发标准＝个人账户全部储存额÷139	参保人死亡，个人缴费、集体资金补助余额，可以依法继承	新农保暂时实行县级管理，按有关规定实行保值增值，逐步提高管理层次，直至实现省级管理
江　西	55 元/月，对于长期缴费的农民，可适当加发基础养老金，提高和加发部分的资金由县（市、区）政府支出	个人账户养老金的月计发标准＝个人账户全部储存额÷139	参保人死亡，个人账户中的资金余额，可以依法继承	按国家的相关规定，新农保基金纳入社会保障基金财政专户，实行收支两条线管理，单独记账、核算，实现保值增值。试点阶段，新农保基金以县级为统筹单位，实行预决算制度。随着试点扩大和推开，逐步提高管理层次
山　东	55 元/月	个人账户养老金的月计发标准＝个人账户全部储存额÷139	参保人死亡，其个人账户余额，除政府补贴外，可以依法继承	新农保基金纳入社会保障基金财政专户管理，实行收支两条线，单独记账、核算，按有关规定保值增值。试点阶段，新农保基金暂实行县级管理，随着试点扩大和推开，逐步提高管理层次

143

地区	基础养老金	个人账户	继承	基金运营模式
河 南	55 元/月。对于长期缴费的农村居民，可适当加发基础养老金，加发部分的资金由试点县（市、区）支付	个人账户养老金的月计发标准＝个人账户全部储存额÷139	参保人死亡，个人账户中的资金余额除政府补贴外，一次性支付给法定继承人或指定受益人；无法定继承人或指定受益人的，个人账户资金余额用于继续支付其他参保人的养老金	新农保基金纳入社会保障基金财政专户，实行收支两条线管理，单独记账、核算，按有关规定实现保值增值。在试点阶段，新农保基金暂实行县级管理
湖 北	55 元/月。对于长期缴费的农村居民，可适当加发基础养老金，提高和加发部分的资金由试点县（市、区）人民政府支出	个人账户养老金的月计发标准＝个人账户全部储存额÷139	参保人死亡，个人账户中的资金余额，除政府补贴外，可以依法继承；政府补贴余额用于继续支付其他参保人的养老金	新农保基金纳入同级社会保障基金财政专户，实行收支两条线管理，单独记账、核算，按国家有关规定实现保值增值。试点阶段，新农保基金暂实行县级管理，随着试点扩大和推开，以后逐步提高管理层次
湖 南	55 元/月。新农保参保人缴费累计超过 15 年的，每增加 1 年缴费，其基础养老金每月增加 5 元	个人账户养老金的月计发标准＝个人账户全部储存额÷139	参保人员死亡，个人账户中的资金余额，除政府补贴外，可以依法继承	养老保险基金纳入财政专户，实行收支两条线管理，单独记账、核算。基金结余按国家有关规定实现保值增值
广 东	55 元/月	个人账户养老金的月计发标准＝个人账户全部储存额÷139	参保人出国（境）定居或死亡的，除政府补贴资金外，其个人账户储存额一次性支付给本人或由其继承人继承	新农保基金全额纳入财政专户，实行收支两条线管理，单独记账、核算，专款专用
广 西	55 元/月，对于长期缴费的农村居民，可适当加发基础养老金，提高和加发部分的资金由地方政府支出	个人账户养老金的月计发标准＝个人账户全部储存额÷139	参保人死亡，个人账户中的资金余额，除政府补贴外，可以依法继承	新农保基金纳入社会保障基金财政专户，实行收支两条线管理，单独记账、核算，按有关规定实现保值增值。新农保基金暂实行县级管理，逐步提高管理层次；有条件的地方可直接实行省级管理

续表

地区	基础养老金	个人账户	继承	基金运营模式
海 南	55 元/月。缴费年限满 15 年的，每多缴一年，基础养老金增加 2 元	个人账户养老金的月计发标准＝个人账户全部储存额÷139	参保人死亡，其个人账户中资金本息余额，除政府补贴外，一次性退还给法定继承人或指定受益人	新农保基金纳入社会保障基金财政专户，实行收支两条线管理，单独记账、核算，按有关规定实现保值增值
重 庆	80 元/月，年满 70 周岁及其以上的每人每月增发 10 元的基本养老金，从居民养老保险基金中支付	个人账户养老金的月计发标准＝个人账户全部储存额÷139	参保人出国（境）定居或死亡的，其个人账户累计储存额本息一次性退还本人、指定受益人或法定继承人；无指定受益人或法定继承人的，全部并入居民养老保险基金	居民养老保险基金实行区县（自治县）统筹，建立基金专户，实行基金收支两条线管理
四 川	55 元/月。地方政府可以根据实际情况提高基础养老金标准，对于长期缴费的农村居民，可适当加发基础养老金，提高和加发部分的资金由地方政府支出	个人账户养老金的月计发标准＝个人账户全部储存额÷139	参保人死亡，个人账户中的资金余额，除政府补贴外，可以依法继承；政府补贴余额用于继续支付其他参保人的养老金	新农保基金纳入社会保障基金财政专户，实行收支两条线管理，单独记账、核算，按有关规定实现保值增值。试点阶段，新农保基金暂实行县级管理，随着试点扩大和推开，逐步提高管理层次；有条件的地方也可直接实行省级管理
贵 州	55 元/月	个人账户养老金的月计发标准＝个人账户全部储存额÷139	参保人死亡，个人账户中的资金余额，除政府补贴外，可以依法继承	新农保基金纳入社会保障基金财政专户，实行收支两条线管理，单独记账、核算，按照国家有关规定实现保值增值。新农保基金暂实行市级管理，县级经办，随着试点扩大和推广，适时提高管理层次
云 南	55 元/月	个人账户养老金的月计发标准＝个人账户全部储存额÷139	参保人死亡，其个人账户资金余额，除政府缴费补贴（本息）外，一次性支付给其法定继承人或指定受益人	新农保基金纳入社会保障基金财政专户，实行收支两条线管理，专款专用，实账运行。新农保基金暂实行县（市、区）级管理，根据试点扩大和推开，适时实行州（市）级管理；有条件的州（市）也可直接实行州（市）级管理

地区	基础养老金	个人账户	继承	基金运营模式
西藏	55元/月	个人账户养老金的月计发标准＝个人账户全部储存额÷139	参保人死亡，个人账户中的资金余额，除政府补贴外，可以依法继承；政府补贴余额用于继续支付其他参保人的养老金	新农保基金纳入社会保障基金财政专户，实行收支两条线管理、单独记账、单独核算、专款专用，并按规定实现保值增值
陕西	55元/月。70周岁至79周岁加发10元，80周岁及其以上加发20元，加发部分资金由市县财政负担	个人账户养老金的月计发标准＝个人账户全部储存额÷139	参保人死亡，个人账户中的资金余额，除政府补贴外，可以依法继承；政府补贴余额用于继续支付其他参保人的养老金	建立健全新农保基金财务会计制度。新农保基金纳入社会保障基金财政专户，实行收支两条线管理，单独记账、核算，按有关规定实现保值增值。试点阶段新农保基金暂实行县级管理，随着试点扩大和推开，逐步提高管理层次
甘肃	55元/月	个人账户养老金的月计发标准＝个人账户全部储存额÷139	参保人员死亡的，个人账户中的资金余额，除政府补贴外，可以依法继承	新农保基金纳入财政专户，实行收支两条线管理，单独记账核算，专款专用
青海	55元/月	个人账户养老金的月计发标准＝个人账户全部储存额÷139	参保人员死亡的，个人账户中的资金余额，除政府补贴外，可以依法继承	新农保基金纳入社会保障基金财政专户，实行收支两条线管理，单独记账、核算，按有关规定实现保值增值。试点阶段新农保基金暂实行县级管理，随着试点扩大和推开，逐步提高管理层次
宁夏	55元/月	个人账户养老金的月计发标准＝个人账户全部储存额÷139	个人账户中的资金余额，除政府补贴外，可以依法继承；政府补贴余额用于继续支付其他参保人的养老金	新农保基金纳入社会保障基金财政专户，实行收支两条线管理、单独记账、核算，按有关规定实现保值增值
新疆	55元/月，对长期缴费的农村居民，试点县（市）可适当加发基础养老金，所需资金自行负担	个人账户养老金的月计发标准＝个人账户全部储存额÷139	参保人死亡，个人账户中的资金余额，除政府补贴的本息外，可依法继承；政府补贴余额用于支付其他参保人的养老金	新农保基金纳入社会保障基金财政专户，实行收支两条线管理、单独记账、核算，按有关规定实现保值增值。试点阶段，新农保基金暂实行县级管理，随着试点的扩大和推开，逐步提高管理层次

附录3　旋转后的因子载荷矩阵

	1	2	3	4	5	6
民生银行	0.776	-0.298	-0.027	-0.119	-0.069	-0.204
宝钢股份	0.727	-0.023	-0.009	0.063	0.210	-0.189
中国石化	0.816	0.135	0.057	-0.250	-0.059	0.073
三一重工	0.457	0.026	0.049	0.016	0.723	-0.086
保利地产	0.659	-0.091	-0.286	0.060	0.157	-0.044
中国联通	0.651	0.282	0.137	-0.224	-0.064	-0.136
特变电工	0.333	0.003	0.717	-0.143	0.315	0.082
包钢稀土	0.418	0.053	0.022	0.685	0.113	0.094
兖州煤业	0.772	-0.034	0.064	0.106	0.018	0.400
阳泉煤业	0.592	-0.138	0.139	0.169	0.054	0.455
江西铜业	0.797	0.118	0.128	0.349	0.039	0.213
金地集团	0.660	-0.089	-0.083	-0.250	0.197	0.156
中金黄金	0.353	-0.121	0.776	0.242	-0.021	-0.067
贵州茅台	0.116	0.672	-0.089	0.044	0.099	-0.065
海螺水泥	0.356	0.125	0.149	0.072	0.707	0.083
大秦铁路	0.720	0.151	0.082	-0.091	0.106	-0.170
中国神华	0.849	0.100	-0.028	-0.153	-0.019	0.209
兴业银行	0.686	-0.429	-0.124	-0.099	0.063	-0.076
西部矿业	0.813	0.089	0.130	0.294	-0.021	0.191
北京银行	0.788	-0.354	-0.204	0.015	0.074	-0.180
工商银行	0.683	-0.335	0.085	-0.052	0.060	-0.365
中国铝业	0.788	0.273	-0.044	0.264	0.004	-0.009
中国太保	0.769	-0.217	-0.019	0.069	-0.162	-0.141

	1	2	3	4	5	6
中国人寿	0.833	−0.067	0.033	−0.057	−0.191	−0.150
潞安环能	0.687	−0.066	−0.007	0.008	0.060	0.435
中国南车	0.538	0.235	0.134	−0.061	0.064	−0.362
中国石油	0.835	0.116	0.062	−0.153	−0.160	0.089
中煤能源	0.884	0.070	0.025	0.049	0.005	0.224
紫金矿业	0.652	0.111	0.188	0.495	−0.094	−0.042
中国远洋	0.842	0.208	0.035	0.110	0.084	−0.168
金钼股份	0.718	0.114	0.097	0.204	0.103	0.208
指数	0.972	−0.090	−0.041	−0.007	0.037	−0.112

附录4 因子得分表

2009/01/16	0.9391	− 1.7086	− 1.3050	2.4487	0.0792	− 0.5997
2009/01/23	0.4807	− 0.4534	0.1402	− 0.6503	0.4974	0.7769
2009/02/06	2.6210	1.9025	1.0133	1.2141	− 1.0712	− 2.0940
2009/02/13	1.4931	3.2079	1.2792	1.9290	0.1514	− 1.6835
2009/02/20	− 1.1114	− 0.4938	0.4316	1.1756	1.8310	0.6204
2009/02/27	− 2.2362	− 1.6162	− 0.0731	− 0.1936	− 1.6809	− 0.8195
2009/03/06	1.2199	− 0.7965	− 0.5337	0.9002	1.9867	0.6081
2009/03/13	− 0.6597	− 0.5886	− 1.0398	0.7435	− 0.1374	0.5863
2009/03/20	2.3933	0.9909	1.2567	2.0198	− 0.6455	2.7009
2009/03/27	1.0495	− 1.2510	0.9160	− 0.3205	0.0387	− 0.5254
2009/04/03	0.7524	− 1.3655	− 0.9701	− 1.4500	− 0.0113	0.6283
2009/04/10	0.5429	0.6645	1.1430	0.0579	− 0.5319	1.3508
2009/04/17	0.4689	0.9327	− 0.3959	− 0.9958	0.5590	− 0.1837
2009/04/24	− 0.7200	0.6477	0.8971	− 1.3366	− 0.4736	− 0.1152
2009/04/30	0.2143	− 0.8971	0.6023	− 1.8841	1.6866	1.0078
2009/05/08	1.7561	− 1.2911	− 0.3277	− 0.8757	0.1669	− 0.5085
2009/05/14	0.2227	− 0.0910	− 0.6697	− 1.5028	0.1284	1.7870
2009/05/22	− 0.8277	− 0.7705	1.5097	1.2492	− 0.2570	0.1094
2009/05/27	0.1401	− 0.3049	1.1380	− 0.5102	− 0.8525	− 0.9201
2009/06/05	1.8045	1.4969	− 7.2291	2.7403	− 0.9118	− 1.5385
2009/06/12	− 0.4366	− 0.5035	− 0.2336	− 0.5950	− 0.7585	− 1.4857
2009/06/19	1.2938	− 0.3341	0.2031	− 1.5211	0.9594	− 2.4939
2009/06/26	0.5107	− 1.9512	1.5227	0.9971	0.3972	− 0.6218
2009/07/03	1.7488	0.8142	− 0.9308	− 1.6633	− 1.1951	1.5833

续表

2009/07/10	0. 0747	1. 5356	0. 0821	0. 2514	1. 3900	− 0. 0680
2009/07/17	1. 1032	− 0. 5759	0. 2182	1. 1146	0. 1633	0. 7290
2009/07/24	2. 2598	2. 1776	− 0. 3547	− 1. 8480	− 2. 0980	2. 6542
2009/07/31	0. 1849	0. 0905	− 0. 0892	0. 7684	0. 7515	− 2. 1175
2009/08/07	− 1. 6273	1. 7907	0. 2134	− 0. 7489	1. 3276	0. 3342
2009/08/14	− 1. 4904	− 1. 5042	− 1. 8062	1. 8698	0. 0964	2. 0289
2009/08/21	− 1. 1221	− 0. 6401	0. 7569	− 1. 6475	0. 2852	0. 1647
2009/08/28	− 1. 5437	1. 8367	1. 5636	0. 5342	0. 2447	− 0. 1594
2009/09/04	0. 0268	− 2. 3533	− 0. 4747	1. 3434	0. 0383	− 0. 8777
2009/09/11	1. 3434	0. 0406	− 0. 2562	0. 3165	1. 1293	− 0. 6513
2009/09/18	− 0. 5389	0. 4929	0. 8999	0. 3472	− 0. 2288	0. 6596
2009/09/25	− 1. 0571	− 0. 8176	− 0. 0425	− 0. 4374	− 0. 1038	− 0. 9482
2009/09/30	− 0. 5223	− 0. 7158	− 0. 2250	− 0. 2565	0. 3590	0. 0586
2009/10/09	1. 4154	0. 2222	0. 6030	0. 4566	0. 0728	0. 2224
2009/10/16	0. 5452	− 1. 1323	− 0. 1848	− 0. 9961	0. 0236	0. 9644
2009/10/23	1. 1707	− 0. 4313	− 0. 4780	0. 5568	− 0. 4888	− 0. 2163
2009/10/30	− 1. 2595	− 0. 3714	− 0. 1620	− 0. 5163	0. 2678	0. 0588
2009/11/06	1. 4337	0. 6360	0. 8594	− 0. 6288	0. 1222	− 0. 9198
2009/11/13	− 0. 0879	0. 5974	0. 1253	0. 2481	0. 3202	− 1. 6843
2009/11/20	0. 8571	0. 0697	0. 2263	− 0. 8964	0. 0094	1. 0240
2009/11/27	− 1. 6236	0. 1947	0. 6504	0. 4244	− 0. 2996	1. 0926
2009/12/04	1. 9587	0. 2285	0. 7700	− 0. 5482	− 0. 0474	− 1. 5310
2009/12/11	− 0. 8576	0. 3672	− 0. 8828	0. 3011	0. 7147	0. 0165
2009/12/18	− 1. 0156	− 0. 4330	0. 2583	− 1. 5700	− 0. 5478	0. 0505
2009/12/25	− 0. 1410	0. 6342	0. 1900	− 0. 1109	0. 8778	0. 0726
2009/12/31	1. 1652	− 0. 6419	0. 1941	− 0. 8377	− 0. 4181	− 1. 2376
2010/01/08	− 0. 8450	− 0. 1902	0. 4798	0. 4147	− 0. 1957	1. 2470
2010/01/15	− 0. 3215	2. 4971	0. 7393	− 0. 7068	− 0. 8323	− 0. 8606
2010/01/22	− 0. 9949	− 1. 5024	− 0. 5683	− 0. 2167	− 0. 4851	− 0. 9419
2010/01/29	− 1. 3433	1. 2032	− 0. 4732	− 0. 1144	− 0. 2017	0. 3241

2010/02/05	− 0. 6195	− 1. 1420	− 0. 3911	0. 3020	− 0. 0869	− 0. 3117
2010/02/12	0. 8707	− 0. 0048	0. 2246	0. 9476	0. 4258	− 0. 0421
2010/02/26	− 0. 1867	− 0. 2124	− 0. 0371	− 0. 5261	0. 6864	− 0. 3219
2010/03/05	− 0. 3178	− 0. 5258	0. 0282	0. 3200	− 0. 0449	− 0. 3714
2010/03/12	0. 0049	− 0. 6991	− 0. 5197	− 0. 5939	− 0. 1040	0. 0394
2010/03/19	0. 4038	− 0. 0525	− 0. 3957	0. 5145	0. 0358	− 0. 1851
2010/03/26	− 0. 3778	− 0. 2132	0. 0695	− 0. 4797	0. 6920	0. 1616
2010/04/02	1. 0047	− 1. 1221	0. 3050	0. 2471	0. 3482	0. 5101
2010/04/09	− 0. 5054	− 0. 1199	0. 3652	0. 6522	− 0. 2788	0. 3497
2010/04/16	− 0. 2431	0. 1855	1. 1354	0. 6699	− 1. 4385	− 0. 1009
2010/04/23	− 1. 7929	− 0. 3305	0. 7439	2. 5201	− 0. 5550	2. 0331
2010/04/30	− 0. 4703	− 1. 1753	1. 0342	− 1. 1568	− 1. 0599	− 0. 1213
2010/05/07	− 2. 4640	− 0. 3461	1. 3279	3. 3383	− 1. 5689	− 2. 5039
2010/05/14	0. 6194	0. 0531	− 0. 9578	− 0. 3265	0. 8392	− 0. 0024
2010/05/21	− 1. 1342	− 0. 8138	− 0. 5163	− 0. 9907	2. 2302	0. 7881
2010/05/28	0. 4393	0. 2558	0. 5135	1. 0793	− 0. 5688	0. 7350
2010/06/04	− 1. 1348	1. 0650	− 0. 3370	− 0. 1962	− 0. 2820	0. 3559
2010/06/11	− 0. 3167	1. 5779	− 0. 2634	− 0. 0779	0. 4850	− 2. 2603
2010/06/17	− 0. 3438	− 1. 0236	− 0. 1421	− 0. 4992	− 0. 1303	− 0. 2277
2010/06/25	0. 4844	− 0. 8100	− 0. 2257	− 0. 8011	− 6. 1802	− 0. 7079
2010/07/02	− 1. 4769	0. 1327	− 1. 3656	− 1. 3128	− 0. 3501	− 1. 7379
2010/07/09	0. 8923	− 0. 2331	− 0. 0629	0. 0762	1. 3886	0. 2942
2010/07/16	− 0. 9278	1. 3802	− 3. 4080	− 0. 5783	1. 8736	1. 4727
2010/07/23	1. 5717	0. 2258	0. 7690	0. 2274	0. 8727	− 0. 0024
2010/07/30	0. 6213	0. 2834	0. 6875	0. 5940	0. 5434	− 0. 2637
2010/08/06	− 0. 1712	0. 7392	0. 5423	0. 1227	0. 0803	0. 4994
2010/08/13	− 0. 7749	− 0. 3914	0. 1263	1. 4645	− 0. 1063	− 0. 1407
2010/08/20	0. 5930	0. 0330	0. 2106	− 0. 8430	0. 5201	− 0. 0331
2010/08/27	− 0. 7932	0. 3335	− 0. 1388	0. 7103	1. 4669	0. 1371
2010/09/03	0. 0222	0. 8751	0. 2166	1. 3948	1. 2458	0. 2739

2010/09/10	− 0. 0870	1. 3351	0. 4473	1. 2684	− 0. 3173	− 0. 2261
2010/09/17	− 0. 8388	0. 2391	0. 6482	0. 0787	0. 1503	0. 2231
2010/09/21	− 0. 1414	0. 0196	− 0. 0745	− 0. 6263	0. 0978	− 0. 6561
2010/09/30	0. 9134	0. 5872	0. 0985	2. 1800	0. 3749	− 0. 0943
2010/10/08	1. 0566	0. 0704	0. 6684	0. 0512	− 0. 4254	0. 7383
2010/10/15	3. 6932	− 2. 4813	0. 7854	1. 1021	− 0. 4985	1. 9001
2010/10/22	− 0. 3932	0. 4312	− 0. 1684	0. 1181	− 2. 3845	1. 8996
2010/10/29	− 0. 3785	0. 0411	0. 2385	0. 2069	0. 7632	1. 0263
2010/11/05	1. 1519	− 0. 0627	1. 2211	− 0. 9274	0. 1039	− 1. 6565
2010/11/12	− 1. 2786	1. 7448	− 0. 1291	− 0. 3191	− 1. 6468	1. 5635
2010/11/19	− 1. 4939	− 0. 9104	0. 1816	− 0. 2786	1. 2623	− 2. 6017
2010/11/26	− 0. 4292	2. 7776	− 0. 8496	− 0. 5075	1. 0086	1. 1729
2010/12/03	− 0. 3010	− 0. 6016	0. 5996	− 0. 5916	0. 4598	− 0. 3492
2010/12/10	0. 2551	1. 0148	0. 6369	0. 0144	− 0. 3115	− 0. 3953
2010/12/17	0. 4211	1. 0798	0. 2273	− 0. 6506	0. 7033	0. 9815
2010/12/24	− 0. 2081	− 1. 5179	− 1. 2341	− 0. 7180	− 0. 1248	0. 4222
2010/12/31	− 0. 4966	− 0. 6471	0. 7520	1. 4007	0. 4720	1. 0621
2011/01/06	0. 4656	− 0. 5408	− 0. 8229	− 1. 1189	0. 9386	− 0. 8641
2011/01/14	− 0. 0715	0. 4111	− 0. 6391	− 1. 7328	− 0. 9843	− 1. 4324
2011/01/21	− 0. 5517	0. 9431	− 0. 2309	− 0. 9344	− 0. 3218	− 0. 6350
2011/01/28	0. 1270	0. 4461	1. 1028	− 1. 0699	1. 4431	− 0. 6989
2011/02/01	0. 3293	0. 4072	0. 4554	0. 2307	− 0. 2625	0. 2395
2011/02/11	− 0. 1327	0. 0031	− 0. 1542	− 0. 0130	0. 8924	− 0. 4811
2011/02/18	0. 5810	− 0. 1307	0. 1099	1. 2829	0. 3163	0. 6089
2011/02/24	− 0. 5755	− 0. 5582	1. 0766	0. 7169	0. 1796	1. 1601
2011/03/04	0. 6277	− 0. 8879	− 0. 7545	− 0. 0830	0. 9947	− 0. 5228
2011/03/11	− 0. 2278	0. 3545	− 0. 1202	− 0. 1647	− 0. 0715	0. 9327
2011/03/18	− 0. 2423	0. 7872	0. 0417	− 0. 5648	1. 2580	0. 5624
2011/03/25	0. 5338	− 1. 3260	0. 4545	− 0. 2210	0. 6993	− 0. 0139
2011/04/01	0. 2749	− 1. 4640	− 1. 1537	− 0. 0802	0. 0361	0. 7183

2011/04/08	0. 5399	0. 0093	0. 3217	0. 4140	- 0. 0179	- 0. 4915
2011/04/15	- 0. 0199	- 0. 5024	- 0. 1603	- 0. 8407	- 0. 8061	- 1. 2703
2011/04/22	- 0. 5958	0. 5022	0. 8376	0. 4037	- 2. 2903	0. 3536
2011/04/29	- 0. 5724	- 0. 2185	- 0. 8197	- 0. 7640	- 0. 4167	0. 1595
2011/05/06	- 1. 3853	2. 2505	- 0. 0867	0. 3109	0. 3618	- 0. 9049
2011/05/13	- 0. 0066	0. 1567	0. 0767	- 1. 6897	- 0. 3978	0. 1121
2011/05/20	- 0. 1847	0. 7534	0. 8981	- 0. 4241	- 0. 9501	0. 5175
2011/05/27	- 0. 9794	- 0. 4512	- 0. 0936	0. 5080	- 0. 2732	0. 6568
2011/06/03	- 0. 1366	1. 6040	0. 5214	0. 3221	1. 2386	- 0. 0629
2011/06/10	- 0. 1011	0. 5453	- 3. 3705	0. 7261	- 0. 9595	- 0. 4348
2011/06/17	- 0. 4694	0. 3391	- 0. 7879	- 1. 0073	- 1. 8075	0. 5666
2011/06/24	0. 8302	- 1. 2204	- 0. 0998	- 0. 0646	1. 1018	- 0. 0189
2011/07/01	- 0. 2754	- 0. 1008	0. 5794	0. 7135	- 0. 2195	- 0. 6939
2011/07/08	0. 0755	- 0. 4005	0. 0217	- 1. 8687	0. 6399	0. 3136
2011/07/15	- 0. 1225	0. 1553	1. 0145	0. 9252	- 0. 0390	- 0. 3019
2011/07/22	- 0. 5674	0. 6478	- 0. 5555	- 0. 4145	- 0. 1682	0. 2981
2011/07/29	- 0. 7063	- 0. 4651	- 1. 0291	0. 5838	- 0. 8944	1. 0582
2011/08/05	- 0. 9068	- 0. 5746	0. 0482	0. 1172	0. 7686	1. 0874
2011/08/12	- 0. 4848	- 0. 1503	- 0. 5535	0. 5407	0. 0087	- 0. 6729
2011/08/19	- 0. 6306	- 1. 3415	- 0. 2583	0. 2243	- 0. 4890	- 0. 3214
2011/08/26	1. 0618	0. 0924	- 0. 4097	- 1. 0565	- 0. 3659	- 0. 5486
2011/09/02	- 0. 8180	0. 0226	- 0. 0942	- 0. 2448	- 0. 1411	0. 4135
2011/09/09	- 0. 2631	- 0. 9075	0. 1385	- 0. 0943	- 1. 5728	- 0. 5035
2011/09/16	- 0. 1480	0. 2193	- 0. 2691	- 1. 0107	- 0. 2968	0. 1305

附录 5　各组合的周收益率表

	1	2	3	4	5	6	7	8	9
2009/01/16	0.0288	0.0293	0.0298	0.0303	0.0308	0.0312	0.0317	0.0322	0.0327
2009/01/23	0.0288	0.0286	0.0284	0.0282	0.0280	0.0278	0.0276	0.0274	0.0272
2009/02/06	0.0288	0.0323	0.0358	0.0393	0.0428	0.0463	0.0498	0.0533	0.0567
2009/02/13	0.0288	0.0294	0.0299	0.0305	0.0311	0.0316	0.0322	0.0327	0.0333
2009/02/20	0.0288	0.0257	0.0225	0.0194	0.0163	0.0132	0.0101	0.0069	0.0038
2009/02/27	0.0288	0.0243	0.0199	0.0154	0.0110	0.0065	0.0021	− 0.0024	− 0.0068
2009/03/06	0.0288	0.0300	0.0313	0.0326	0.0338	0.0351	0.0363	0.0376	0.0389
2009/03/13	0.0288	0.0259	0.0230	0.0200	0.0171	0.0142	0.0113	0.0084	0.0054
2009/03/20	0.0288	0.0305	0.0321	0.0338	0.0355	0.0372	0.0388	0.0405	0.0422
2009/03/27	0.0288	0.0303	0.0317	0.0332	0.0347	0.0362	0.0376	0.0391	0.0406
2009/04/03	0.0288	0.0292	0.0297	0.0301	0.0305	0.0310	0.0314	0.0318	0.0323
2009/04/10	0.0288	0.0274	0.0261	0.0248	0.0234	0.0221	0.0207	0.0194	0.0181
2009/04/17	0.0288	0.0280	0.0273	0.0266	0.0258	0.0251	0.0243	0.0236	0.0229
2009/04/24	0.0288	0.0258	0.0229	0.0199	0.0170	0.0140	0.0111	0.0081	0.0051
2009/04/30	0.0288	0.0283	0.0279	0.0274	0.0269	0.0265	0.0260	0.0255	0.0251
2009/05/08	0.0288	0.0307	0.0327	0.0346	0.0366	0.0385	0.0405	0.0424	0.0444
2009/05/14	0.0288	0.0274	0.0259	0.0245	0.0231	0.0217	0.0203	0.0188	0.0174
2009/05/22	0.0288	0.0260	0.0233	0.0205	0.0178	0.0150	0.0123	0.0095	0.0067
2009/05/27	0.0288	0.0280	0.0272	0.0264	0.0256	0.0248	0.0240	0.0232	0.0224
2009/06/05	0.0288	0.0316	0.0345	0.0373	0.0402	0.0430	0.0458	0.0487	0.0515
2009/06/12	0.0288	0.0273	0.0258	0.0243	0.0228	0.0213	0.0198	0.0183	0.0168
2009/06/19	0.0288	0.0309	0.0331	0.0352	0.0373	0.0395	0.0416	0.0437	0.0459
2009/06/26	0.0288	0.0281	0.0275	0.0269	0.0262	0.0256	0.0249	0.0243	0.0236

续表

	1	2	3	4	5	6	7	8	9
2009/07/03	0.0288	0.0309	0.0330	0.0351	0.0372	0.0392	0.0413	0.0434	0.0455
2009/07/10	0.0288	0.0276	0.0264	0.0252	0.0240	0.0228	0.0217	0.0205	0.0193
2009/07/17	0.0288	0.0291	0.0294	0.0297	0.0299	0.0302	0.0305	0.0308	0.0311
2009/07/24	0.0288	0.0300	0.0313	0.0326	0.0338	0.0351	0.0363	0.0376	0.0388
2009/07/31	0.0288	0.0287	0.0287	0.0286	0.0286	0.0285	0.0284	0.0284	0.0283
2009/08/07	0.0288	0.0241	0.0195	0.0149	0.0102	0.0056	0.0009	− 0.0037	− 0.0084
2009/08/14	0.0288	0.0241	0.0195	0.0148	0.0102	0.0055	0.0009	− 0.0038	− 0.0084
2009/08/21	0.0288	0.0254	0.0221	0.0187	0.0154	0.0120	0.0087	0.0053	0.0020
2009/08/28	0.0288	0.0237	0.0186	0.0135	0.0085	0.0034	− 0.0017	− 0.0068	− 0.0119
2009/09/04	0.0288	0.0284	0.0280	0.0276	0.0272	0.0268	0.0264	0.0260	0.0256
2009/09/11	0.0288	0.0301	0.0313	0.0326	0.0339	0.0351	0.0364	0.0376	0.0389
2009/09/18	0.0288	0.0261	0.0234	0.0207	0.0180	0.0153	0.0126	0.0099	0.0073
2009/09/25	0.0288	0.0259	0.0229	0.0200	0.0170	0.0141	0.0112	0.0082	0.0053
2009/09/30	0.0288	0.0268	0.0247	0.0227	0.0207	0.0187	0.0166	0.0146	0.0126
2009/10/09	0.0288	0.0299	0.0310	0.0321	0.0332	0.0343	0.0354	0.0365	0.0376
2009/10/16	0.0288	0.0285	0.0282	0.0278	0.0275	0.0272	0.0269	0.0266	0.0263
2009/10/23	0.0288	0.0300	0.0312	0.0324	0.0336	0.0348	0.0359	0.0371	0.0383
2009/10/30	0.0288	0.0253	0.0217	0.0182	0.0147	0.0111	0.0076	0.0041	0.0005
2009/11/06	0.0288	0.0303	0.0317	0.0332	0.0347	0.0361	0.0376	0.0390	0.0405
2009/11/13	0.0288	0.0276	0.0264	0.0253	0.0241	0.0229	0.0217	0.0206	0.0194
2009/11/20	0.0288	0.0286	0.0283	0.0281	0.0278	0.0276	0.0274	0.0271	0.0269
2009/11/27	0.0288	0.0236	0.0185	0.0133	0.0081	0.0030	− 0.0022	− 0.0073	− 0.0125
2009/12/04	0.0288	0.0315	0.0343	0.0370	0.0398	0.0425	0.0453	0.0480	0.0507
2009/12/11	0.0288	0.0258	0.0229	0.0199	0.0170	0.0140	0.0111	0.0081	0.0052
2009/12/18	0.0288	0.0257	0.0227	0.0196	0.0166	0.0135	0.0105	0.0074	0.0044
2009/12/25	0.0288	0.0270	0.0252	0.0235	0.0217	0.0199	0.0181	0.0163	0.0146
2009/12/31	0.0288	0.0304	0.0321	0.0337	0.0354	0.0371	0.0387	0.0404	0.0420
2010/01/08	0.0288	0.0257	0.0225	0.0194	0.0163	0.0132	0.0101	0.0069	0.0038
2010/01/15	0.0288	0.0266	0.0244	0.0222	0.0201	0.0179	0.0157	0.0135	0.0113

续表

	1	2	3	4	5	6	7	8	9
2010/01/22	0.0288	0.0264	0.0240	0.0216	0.0192	0.0168	0.0145	0.0121	0.0097
2010/01/29	0.0288	0.0245	0.0203	0.0160	0.0117	0.0075	0.0032	-0.0011	-0.0053
2010/02/05	0.0288	0.0268	0.0249	0.0229	0.0210	0.0190	0.0171	0.0152	0.0132
2010/02/12	0.0288	0.0288	0.0289	0.0290	0.0290	0.0291	0.0291	0.0292	0.0292
2010/02/26	0.0288	0.0272	0.0255	0.0239	0.0223	0.0207	0.0190	0.0174	0.0158
2010/03/05	0.0288	0.0272	0.0257	0.0242	0.0226	0.0211	0.0195	0.0180	0.0164
2010/03/12	0.0288	0.0275	0.0263	0.0250	0.0238	0.0225	0.0212	0.0200	0.0187
2010/03/19	0.0288	0.0282	0.0276	0.0270	0.0263	0.0257	0.0251	0.0245	0.0239
2010/03/26	0.0288	0.0270	0.0252	0.0234	0.0216	0.0198	0.0180	0.0162	0.0145
2010/04/02	0.0288	0.0293	0.0298	0.0302	0.0307	0.0312	0.0317	0.0322	0.0326
2010/04/09	0.0288	0.0267	0.0246	0.0225	0.0204	0.0183	0.0161	0.0140	0.0119
2010/04/16	0.0288	0.0270	0.0253	0.0235	0.0218	0.0200	0.0182	0.0165	0.0147
2010/04/23	0.0288	0.0243	0.0198	0.0153	0.0108	0.0063	0.0018	-0.0027	-0.0072
2010/04/30	0.0288	0.0266	0.0243	0.0221	0.0199	0.0177	0.0155	0.0132	0.0110
2010/05/07	0.0288	0.0234	0.0181	0.0128	0.0074	0.0021	-0.0033	-0.0086	-0.0140
2010/05/14	0.0288	0.0284	0.0280	0.0276	0.0272	0.0268	0.0264	0.0259	0.0255
2010/05/21	0.0288	0.0255	0.0222	0.0189	0.0156	0.0123	0.0090	0.0057	0.0024
2010/05/28	0.0288	0.0282	0.0275	0.0269	0.0263	0.0256	0.0250	0.0244	0.0238
2010/06/04	0.0288	0.0254	0.0220	0.0186	0.0151	0.0117	0.0083	0.0049	0.0015
2010/06/11	0.0288	0.0271	0.0254	0.0237	0.0220	0.0203	0.0186	0.0169	0.0152
2010/06/17	0.0288	0.0271	0.0253	0.0236	0.0219	0.0201	0.0184	0.0167	0.0149
2010/06/25	0.0288	0.0286	0.0284	0.0282	0.0280	0.0278	0.0276	0.0274	0.0272
2010/07/02	0.0288	0.0247	0.0206	0.0165	0.0124	0.0083	0.0042	0.0001	-0.0040
2010/07/09	0.0288	0.0290	0.0292	0.0294	0.0295	0.0297	0.0299	0.0301	0.0303
2010/07/16	0.0288	0.0266	0.0243	0.0221	0.0198	0.0176	0.0154	0.0131	0.0109
2010/07/23	0.0288	0.0303	0.0318	0.0332	0.0347	0.0362	0.0377	0.0392	0.0407
2010/07/30	0.0288	0.0284	0.0281	0.0278	0.0274	0.0271	0.0267	0.0264	0.0260
2010/08/06	0.0288	0.0272	0.0256	0.0240	0.0224	0.0208	0.0192	0.0176	0.0160
2010/08/13	0.0288	0.0262	0.0235	0.0209	0.0183	0.0156	0.0130	0.0104	0.0077

续表

	1	2	3	4	5	6	7	8	9
2010/08/20	0.0288	0.0283	0.0279	0.0274	0.0269	0.0265	0.0260	0.0256	0.0251
2010/08/27	0.0288	0.0261	0.0235	0.0208	0.0181	0.0155	0.0128	0.0102	0.0075
2010/09/03	0.0288	0.0277	0.0266	0.0255	0.0244	0.0233	0.0222	0.0211	0.0200
2010/09/10	0.0288	0.0270	0.0253	0.0235	0.0218	0.0200	0.0183	0.0165	0.0147
2010/09/17	0.0288	0.0259	0.0229	0.0200	0.0171	0.0142	0.0112	0.0083	0.0054
2010/09/21	0.0288	0.0276	0.0264	0.0251	0.0239	0.0227	0.0215	0.0203	0.0191
2010/09/30	0.0288	0.0287	0.0286	0.0285	0.0284	0.0283	0.0282	0.0281	0.0280
2010/10/08	0.0288	0.0294	0.0300	0.0306	0.0312	0.0318	0.0324	0.0330	0.0336
2010/10/15	0.0288	0.0340	0.0393	0.0445	0.0497	0.0550	0.0602	0.0655	0.0707
2010/10/22	0.0288	0.0269	0.0249	0.0230	0.0211	0.0192	0.0173	0.0153	0.0134
2010/10/29	0.0288	0.0265	0.0241	0.0218	0.0194	0.0171	0.0148	0.0124	0.0101
2010/11/05	0.0288	0.0294	0.0301	0.0307	0.0313	0.0320	0.0326	0.0333	0.0339
2010/11/12	0.0288	0.0241	0.0195	0.0148	0.0101	0.0055	0.0008	− 0.0038	− 0.0085
2010/11/19	0.0288	0.0252	0.0217	0.0182	0.0146	0.0111	0.0075	0.0040	0.0004
2010/11/26	0.0288	0.0269	0.0249	0.0230	0.0211	0.0192	0.0173	0.0153	0.0134
2010/12/03	0.0288	0.0271	0.0255	0.0238	0.0222	0.0205	0.0188	0.0172	0.0155
2010/12/10	0.0288	0.0277	0.0267	0.0256	0.0245	0.0234	0.0224	0.0213	0.0202
2010/12/17	0.0288	0.0276	0.0265	0.0254	0.0242	0.0231	0.0219	0.0208	0.0196
2010/12/24	0.0288	0.0269	0.0251	0.0232	0.0213	0.0194	0.0176	0.0157	0.0138
2010/12/31	0.0288	0.0265	0.0242	0.0219	0.0196	0.0173	0.0150	0.0127	0.0104
2011/01/06	0.0288	0.0281	0.0274	0.0268	0.0261	0.0254	0.0248	0.0241	0.0234
2011/01/14	0.0288	0.0268	0.0248	0.0228	0.0208	0.0188	0.0168	0.0148	0.0128
2011/01/21	0.0288	0.0260	0.0231	0.0203	0.0174	0.0146	0.0118	0.0089	0.0061
2011/01/28	0.0288	0.0279	0.0270	0.0261	0.0252	0.0243	0.0234	0.0225	0.0216
2011/02/01	0.0288	0.0280	0.0272	0.0264	0.0256	0.0248	0.0240	0.0232	0.0224
2011/02/11	0.0288	0.0276	0.0264	0.0252	0.0240	0.0228	0.0215	0.0203	0.0191
2011/02/18	0.0288	0.0287	0.0287	0.0287	0.0286	0.0286	0.0285	0.0285	0.0284
2011/02/24	0.0288	0.0268	0.0248	0.0228	0.0208	0.0189	0.0169	0.0149	0.0129
2011/03/04	0.0288	0.0292	0.0296	0.0301	0.0305	0.0309	0.0313	0.0318	0.0322

	1	2	3	4	5	6	7	8	9
2011/03/11	0.0288	0.0266	0.0245	0.0223	0.0202	0.0180	0.0159	0.0137	0.0116
2011/03/18	0.0288	0.0270	0.0253	0.0235	0.0217	0.0200	0.0182	0.0165	0.0147
2011/03/25	0.0288	0.0289	0.0290	0.0291	0.0292	0.0294	0.0295	0.0296	0.0297
2011/04/01	0.0288	0.0281	0.0274	0.0267	0.0260	0.0254	0.0247	0.0240	0.0233
2011/04/08	0.0288	0.0288	0.0287	0.0287	0.0287	0.0287	0.0287	0.0286	0.0286
2011/04/15	0.0288	0.0277	0.0267	0.0257	0.0246	0.0236	0.0225	0.0215	0.0204
2011/04/22	0.0288	0.0263	0.0237	0.0212	0.0187	0.0162	0.0136	0.0111	0.0086
2011/04/29	0.0288	0.0265	0.0242	0.0219	0.0197	0.0174	0.0151	0.0128	0.0105
2011/05/06	0.0288	0.0256	0.0224	0.0192	0.0160	0.0128	0.0096	0.0064	0.0031
2011/05/13	0.0288	0.0275	0.0263	0.0250	0.0237	0.0224	0.0212	0.0199	0.0186
2011/05/20	0.0288	0.0276	0.0264	0.0253	0.0241	0.0229	0.0217	0.0205	0.0194
2011/05/27	0.0288	0.0255	0.0223	0.0190	0.0158	0.0125	0.0093	0.0060	0.0028
2011/06/03	0.0288	0.0273	0.0259	0.0244	0.0230	0.0215	0.0201	0.0186	0.0172
2011/06/10	0.0288	0.0268	0.0248	0.0228	0.0207	0.0187	0.0167	0.0147	0.0127
2011/06/17	0.0288	0.0264	0.0240	0.0216	0.0192	0.0168	0.0144	0.0120	0.0096
2011/06/24	0.0288	0.0296	0.0304	0.0312	0.0321	0.0329	0.0337	0.0345	0.0353
2011/07/01	0.0288	0.0271	0.0254	0.0237	0.0220	0.0204	0.0187	0.0170	0.0153
2011/07/08	0.0288	0.0281	0.0274	0.0267	0.0261	0.0254	0.0247	0.0240	0.0233
2011/07/15	0.0288	0.0273	0.0258	0.0244	0.0229	0.0214	0.0200	0.0185	0.0170
2011/07/22	0.0288	0.0262	0.0236	0.0211	0.0185	0.0159	0.0133	0.0107	0.0082
2011/07/29	0.0288	0.0259	0.0231	0.0203	0.0174	0.0146	0.0117	0.0089	0.0060
2011/08/05	0.0288	0.0259	0.0229	0.0200	0.0171	0.0142	0.0112	0.0083	0.0054
2011/08/12	0.0288	0.0271	0.0253	0.0236	0.0219	0.0201	0.0184	0.0167	0.0150
2011/08/19	0.0288	0.0265	0.0242	0.0220	0.0197	0.0174	0.0152	0.0129	0.0106
2011/08/26	0.0288	0.0293	0.0299	0.0304	0.0309	0.0315	0.0320	0.0325	0.0331
2011/09/02	0.0288	0.0259	0.0230	0.0201	0.0172	0.0144	0.0115	0.0086	0.0057
2011/09/09	0.0288	0.0268	0.0249	0.0229	0.0210	0.0191	0.0171	0.0152	0.0132
2011/09/16	0.0288	0.0269	0.0251	0.0232	0.0214	0.0195	0.0177	0.0158	0.0140